中央党校2017年创新工程项目
《生态治理能力法治化》的阶段性研究成果

中国税收立法四十年

——历史法学视野中的中国税收立法实证研究

张学博 著

人民出版社

CONTENTS

目　录

第一部分　历史视野中的中国税收立法

第四部分　中国税收立法模式的路径选择

第一部分
历史视野中的中国税收立法

第一章　我国税制的当代变迁

一、研究基础及文献综述

宪制问题是指一国以基本政治法律制度，应对本国的重大、长期和根本的问题，如国家的统一……通过长期的政治法律实践，并配合相关的经济文化发展，才能予以化解、缓和或解决的麻烦。[①] 正是在这个意义上，从古希腊罗马、夏商周开始，每个大到一定规模的国家，就必然存在各自的宪制问题。这种问题是围绕实践中存在的如何构成一个国家根本政治制度的问题。"除非全知全能，人类不可能真的预知……大麻烦，宪制永远是应对危机和乱政的制度积累，即所谓'夏有乱政，而作禹刑……周有乱政，而作九刑。'"[②] 既然如此，宪制问题就不是植根于近代启蒙运动（具体又细分为洛克为代表的自由主义路径和卢梭为代表的人民主权路径）[③] 或大宪章文件，而是自政治国家存在起，尤其是相当长时间稳定存在的国家，必然就存在的问题。"罗马共和国作为世界古代的一个政治实体，存在了将近500年，无愧是肇端于希腊人继之由罗马人充实和发展的世界第一次立宪主义的实验。"[④]"宗法制构成了夏商周的宪制，在夏商，体现为'兄终弟及'，而恰恰是在嫡长继承制确立的西周，封建

---

① 参见苏力：《何为宪制问题？——西方历史与古代中国》，《华东政法大学学报》2013年第5期。

② 苏力：《宗法封建宪制变迁中的政治考量——中国古代宪制研究之二》，《石河子大学学报（哲学社会科学版）》2013年第6期。

③ 参见高全喜：《宪法与革命及中国宪制问题》，《北大法律评论》2010年第2期。

④ 张学仁：《古代罗马共和国宪制探源——世界第一次立宪主义的实验》，《法学评论》2002年第5期。

制建构了周朝的'中央与地方关系'。"① "英国由民族国家向帝国的转型带来了宪制困境……更深层的法律问题是帝国的宪法本质是什么，以及帝国的主权在何处。"② "黄宗羲《明夷待访录·原法》篇，一是在法度精神上完成了从君主'一家之法'到'天下之法'的扭转；二是以六经所承载的……根本政制规范……已蕴含了一种清晰的古典宪制意识。"③ 中国自枢轴时代以来的伟大文明传统，其实同样提供了深厚的宪制信念与精深的宪制原理。如《尚书·汤诰》所言"惟皇上帝，降衷于下民。若有恒性，克绥厥猷惟后"。④ 李炜光认为："有什么样的财政就有什么样的国家。财政不只是简单的技术或工具……也塑造着这个国家的人民。"⑤ 某种意义上讲，一个国家的税制与其宪制是塑造与被塑造的关系。更进一步说，从长的历史时段来看，税制改革就是宪制改革。如有学者所说："税收不仅有助于国家的诞生，也有助于它的发展。一旦税收成为事实，就好像一柄把手，社会力量握住它，就可以改变这个国家的社会结构。"⑥ "中国法学界（也许宪法学界尤甚）习惯于把诸如税收和银行体制这样的变化仅仅视为经济制度的变革，但这些变革其实是具有深远意义的重大政制变革。"⑦ 近代以来，英国的大宪章运动，英国 1799 年个人所得税法，美国独立战争，美国联邦个人所得税法，中国的 1994 年分税制改革都是税制改革改变国家宪制的真实案例。"个人所得税产生于英法拿破仑战争时代

---

① 苏力：《宗法封建宪制变迁中的政治考量——中国古代宪制研究之二》，《石河子大学学报（哲学社会科学版）》2013 年第 6 期。

② 刘天骄：《帝国的宪制困境——从北美革命切入》，《学术界》2015 年第 7 期。

③ 顾家宁：《法度精神与宪制意识——〈明夷待访录·原法〉篇再探》，《浙江社会科学》2015 年第 2 期。

④ 任锋：《重温我们的宪制传统》，载杜维明、姚中秋、任锋等著：《儒家与宪政论集》，中央编译出版社 2014 年版。

⑤ 李炜光：《财政何以为国家治理的基础和支柱》，《法学评论》2014 年第 2 期。

⑥ Joseph A. Schumpet," The Crisis of Tax State", in *International Economical Papers*, New York：Macmilan，1958, pp. 4, 17–19.

⑦ 苏力：《当代中国的中央与地方分权——重读毛泽东〈论十大关系〉第五节》，《中国社会科学》2004 年第 2 期。

的英国，曾被称为'击败拿破仑之税'。……个人所得税从遭遇抵触到被接受与英国 18 世纪的宪制发展有着密切的关联。"① 限于篇幅所限，本文选取改革开放之后的 1978—2017 年，考察其中的税制改革，考察税制改革背后真实的制度问题是如何发生的。

二、中国当代的税制改革之变迁

从 1978 年党的十一届三中全会召开，到今天为止，中国的税制改革大致可以分为五个大的阶段：1978—1982 年为第一阶段，可以称为改革开放初期的税制改革；1983—1993 年为第二阶段，可以称为改革开放全面展开时期的税制改革；1994—2003 年为第三阶段，可以称为分税制改革时期；2004—2012 年为第四阶段；党的十八届三中全会之后可以称为新税制改革时期。

（一）改革开放初期的税制改革（1978—1982 年）

这个时期主要是税制改革的准备和起步阶段。首先是建立了涉外税制。从 1980—1981 年，全国人大先后通过并公布了《中外合资经营企业所得税法》《个人所得税法》和《外国企业所得税法》。其次从 1978—1982 年，中国的税收收入及其占财政收入的比重呈逐年稳步上升的趋势。② 税收收入占财政收入的比重其实质是从传统国家向税收国家转变的重要标志之一。

（二）改革开放全面展开时期的税制改革（1983—1993 年）

1982 年，国务院向第五届全国人大第五次会议提交的《关于第六个五年计划的报告》提出了包括"利改税"在内的今后三年税制改革的任务，

---

① 毕竟悦：《18 世纪个人所得税的诞生及其宪制背景》，《中国政法大学学报》2010 年第 5 期。
② 参见刘佐：《中国税制改革 50 年》，《当代中国史研究》2000 年第 5 期。

并获得了会议的批准。① 首先是分两次实施"利改税"。1983 年，中央决定将新中国成立以后实行的国企向国家上缴利润的制度改为缴纳企业所得税的制度，并取得了初步的成功。② 从 1984 年起在全国实施第二步"利改税"和工商税制改革，发布了关于征收国营企业所得税等系列行政法规。③ 两次"利改税"的实质是为了搞活经济，所以调整了国家与企业之间的利益分配关系。

其次是逐步统一外资税制。第七届全国人大第四次会议将《中外合资经营企业所得税法》与《外国企业所得税法》合并为《外商投资企业和外国企业所得税法》。④ 经过 1983—1991 年的税制改革，中国建成了一套内外有别、城乡不同的，以货物和劳务税、所得税为主体，财产税等新的税制体系。⑤1991 年中国税收总额已经达到 2990 亿元，比 1982 年增长了 3.3 倍；税收总额占财政收入的比重已经达到 94.9%。⑥ 中国成为名副其实的税收国家。

（三）分税制改革时期（1994—2003 年）

这是对当代中国影响极为深远的一次改革，其影响之大，背后牵涉之广，很多尚未深入研究。立足于党的十四届三中全会《关于建立社会主义市场经济体制若干问题的决定》，分税制改革取得了几大成绩："实行增值税、消费税、营业税并行……所得税合并为统一的个人所得税。"⑦1994 年分税制改革……最为关键的是"较好地处理了国家与企业、

---

① 参见 1982 年第五届全国人民代表大会第五次会议《关于第六个五年计划的报告》。
② 参见财政部：《关于国营企业利改税试行办法》，1983 年 4 月 24 日国务院批转。（1986 年 7 月 25 日失效）
③ 参见财政部：《国营企业第二步利改税试行办法》，1984 年 9 月 18 日。（2001 年 10 月 6 日失效）
④ 刘佐：《中国税制改革 50 年》，《当代中国史研究》2000 年第 5 期。
⑤ 刘佐：《1978 年以来历次三中全会与税制改革的简要回顾和展望》，《经济研究参考》2014 年第 4 期。
⑥ 参见王丙乾：《关于 1991 年国家决算的报告》，1992 年 6 月 27 日在第七届全国人民代表大会常务委员会第二十六次会议通过。
⑦ 马海涛、肖鹏：《中国税制改革 30 年回顾与展望》，《税务研究》2008 年第 7 期。

个人之间的分配关系和中央与地方之间的分配关系，有利于调动各方面的积极性……国民经济的持续、快速和健康发展"。而这些问题本质上就是当代中国最重大的问题，"就是要把国内外一切积极因素调动起来，为社会主义事业服务"①。但与分税制相伴随的土地财政问题，一方面极大地推动了中国的城镇化建设，另一方面在某种程度上极大地改变了地方政府的行为方式，②从而改变了中央与地方之间的关系。从 2002 年所得税分享改革到 2006 年《土地出让金收支管理办法》，再到 2013 年营业税改增值税，这是中央政府试图将地方政府财政收入全面纳入预算的三次大规模调整。③

（四）党的十六届三中全会至党的十八届三中全会之间（2004—2012 年）

党的十六届三中全会通过的《中共中央关于完善社会主义市场经济体制若干问题的决定》明确提出了新一轮税制改革的原则：简税制、宽税基、低税率、严征管……以供给学派为……内外资企业所得税合并统一；城乡税制统一，废止农业税。④

（五）新税制改革时期（2013 年至今）

党的十八届三中全会是当代税制改革的重要窗口。对此次税制改革的研究还缺乏深入探讨。党的十八届三中全会《决定》指出："必须完善立法、明确事权、改革税制、稳定税负……建立事权和支出责任相适应的制度"。⑤

① 《毛泽东文集》第七卷，人民出版社 1999 年版，第 23 页。
② 参见周飞舟：《分税制十年：制度及其影响》，《中国社会科学》2006 年第 6 期。
③ 参见张学博：《分税制、土地财政与官员晋升锦标赛》，《科学社会主义》2014 年第 5 期。
④ 参见安体富、王海勇：《新一轮税制改革：性质、理论与政策》（上），《税务研究》2004 年第 5 期。
⑤ 参见《中共中央关于全面深化改革若干重大问题的决定》，2013 年 11 月 12 日中国共产党第十八届中央委员会第三次全体会议通过。

从以上表述来看，不论是税制改革的目标，还是具体路径，都是对国家与公民关系，中央与地方关系，民主与法治制度的全面改造。

三、税制改革中的法治问题

纵观中国自改革开放以来的税制改革，就可以体会温家宝总理在第十一届全国人大第一次会议总理记者招待会上的讲话："其实，一个国家的财政史是惊心动魄的。如果你读它，会从中看到不仅是经济的发展，而且是社会的结构和公平正义。"[1]有学者认为："所有发生过的财政现象，都带有政治结构发生变化的预兆；社会的转折总是包含着原有财政政策的危机。"[2] 观察 1978 年以来的税制改革，涉及一系列法治问题。

首先就是国家、企业、公民之间的利益分配问题。改革开放之前，所有的财富被集中在政府手中，尤其是集中在中央政府手中。1983 年之前的税制改革主要解决外国企业和个人纳税问题。因为对外开放，必然涉及外国企业和个人在中国的税收问题。外国企业和个人来华投资工作，只能对其进行征税，而不能将其所得全部收缴。其中暗含的前提就是对资本和劳务所有权本身的承认。这对于当时完全实行公有制的中国而言，实际上是一个巨大的改变。如恩格斯所言："它同现存制度的具有决定意义的差别当然在于，在实行全部生产资料公有制（先是单个国家实行）的基础上组织生产。"[3]1983 年的第一次"利改税"更是直截了当地指出，"为了促进国营企业建立与健全经济责任制……正确处理国家、企业和职工三者利益，保证国家财政收入的稳定增长，特制定本办法。"[4]1984 年的第二

---

① 参见温家宝总理在第十一届全国人民代表大会第一次会议举办的总理记者招待会上的讲话。

② Joseph A. Schumpet ," The Crisis of Tax State", in *International Economical Papers* , New York : Macmilan , 1958, : pp. 4, 17–19.

③ 《马克思恩格斯全集》第 37 卷，人民出版社 1971 年版，第 443 页。

④ 参见财政部：《关于国营企业利改税试行办法》，1983 年 4 月 24 日国务院批转。（1986 年 7 月 25 日失效）

次"利改税"更进一步说明："为了促进城市经济体制改革，进一步搞活经济，调整和完善国家与企业之间的分配关系，调动企业和职工的积极性，特制定本办法。"①1984年的第二次"利改税"说得比1983年第一次"利改税"更加直白："利改税"的直接目的就是使得企业有一定的自主权，调动企业和职工的积极性。如布坎南所论："如果一个政府允许个人取得财产，允许长期保持和增加财产的价值……私人财产的有效保护将起到保证自由的作用。"②说得更明白些就是：初次分配时，国家的利益要向企业和职工适当让步，才能有效地激励企业和职工多干，最终才能打破"大锅饭"，实现国民财富的进一步增长。

其次是税制逐步走向统一，逐步实现内外统一、城乡统一的税制。纵观1978年以来的税制改革，1980年到1984年最初针对外资和外国人建立了单独的个人所得税制③和企业所得税制。1991年统一了外资企业所得税制，2007年统一了内资和外资企业所得税法。第十届全国人大第十九次会议决定自2006年1月1日起废止《农业税条例》。这种税制的统一实质上是内外资企业在市场经济中的地位的统一对待，而农业税的废除则是对1958年以来城乡二元体制逐步废除的前奏。1958年的两部法律《中华人民共和国农业税条例》（以下简称《农业税条例》）④和《中华人民共和国户口登记条例》（以下简称《户口条例》）⑤确立了新中国成立后影响最为

---

① 参见财政部：《国营企业第二步利改税试行办法》，1984年9月18日。（2001年10月6日失效）

② ［美］詹姆斯·M.布坎南：《财产是自由的保证》，载［美］查尔斯·K.罗利：《财产权与民主的限度》，商务印书馆2007年版。

③ 1980年的《个人所得税法》实质上是针对来华投资工作的外国人制定的，因为那时的中国人的工资和劳务费远远低于其起征点800元。随着市场经济的发展和国人工资收入水平提高，《个人所得税法》才变成实质意义上的内外居民统一的个人所得税法。

④ 参见《中华人民共和国农业税条例》，1958年6月3日第一届全国人民代表大会常务委员会第九十六次会议通过，2005年12月29日第十届全国人民代表大会第十九次会议决定自2006年1月1日起废止。

⑤ 参见1958年《中华人民共和国户口登记条例》。

深远的体制——城乡二元体制。《户口条例》和《农业税条例》是一个硬币的两个方面，其实质含义是农业反哺工业，农村反哺城市。随着中国工业化的高速发展，城乡二元差距成为制约中国进一步发展的基础性问题。如党的十八大报告所提到："必须清醒看到，我们工作中还存在许多不足……主要是：发展中不平衡、不协调、不可持续问题依然突出……城乡区域发展差距和居民收入分配差距依然较大。"① 所以从 2004 年到 2015年连续 12 年中央一号文件都是关于"三农"问题。《农业税条例》的废止实际上标志着中国城乡二元体制的逐步瓦解，下一步《户口条例》的废止只是一个时机问题。两个条例所确立的城乡二元体制就是一个基本的法治问题，而且两个条例中《户口条例》是外表，《农业税条例》是内在，因为《农业税条例》就是国家对农民的财政再分配制度。

然后，贯穿于 1978 年以来中国税制改革的一条主线就是中央与地方的分权问题。1994 年分税制改革之前，改革开放的思路可以被概括为政府向企业放权，中央向地方放权。"从对企业的放权让利，到中央对地方实行分灶吃饭体制、大包干体制，都是财税改革在带动各项改革，不断破除高度集中的计划经济体制。"② 1980 年 2 月实行的"划分收支、分级包干"的财政管理体制……1988 年，开始推行财政大包干，进一步加大了对地方政府的激励，在发展经济和财政平衡方面尤其明显。③ 1993 年分税制前夕，财政大包干制已经包死了中央财政，中央靠借债度日，1993 年财政赤字达到 300 亿元……中央财政难以为继，一度不得不向富裕的地方政府借钱。在这个背景之下，1994 年分税制改革以经济性分权（相对稳定的制度性分权）取代了过去的行政性分权，同时表现为非对称性分权，即中央财政收入比重不断提高，同时地方财政支出比重不断提高（参见图 1）。在 2011 年开始进行的增值税转型试点，表面上看是进行结构性减税，但

---

① 参见《坚定不移沿着中国特色社会主义道路前进　为全面建成小康社会而奋斗》。
② 刘尚希：《分税制的是与非》，《经济研究参考》2012 年第 7 期。
③ 参见刘尚希、邢丽：《中国财政改革 30 年：历史与逻辑的勾画》，《中央财经大学学报》2008 年第 3 期。

实质上是遵循了 1994 年分税制思路的非对称性分权的原则，进一步减少了地方税收收入，将本来是地方税收收入的营业税改变为共享税增值税。

单位：百分比（%）

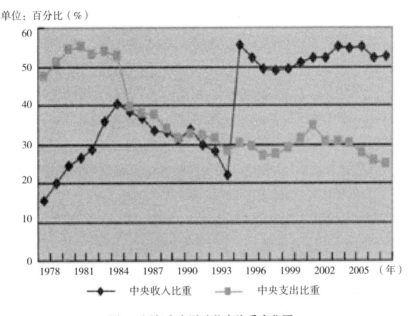

图 1　历年中央财政收支比重变化图

资料来源：《2007 年中国统计摘要》。

1994 年的分税制改革有一个当时被人忽视事后却对中国税制产生巨大影响的产物：土地出让金全部归地方政府支配……2003 年、2007 年和 2013 年是三个重要节点……2002 年所得税分享改革和《招标拍卖挂牌出让国有土地使用权规定》实施，2006 年《国有土地使用权出让收支管理办法》实施，2013 年营业税改增值税全面推开。土地出让金的历史就是中央与地方关系反复博弈的历史。对当代税制的回顾，可以发现：1994 年税制改革之前中央对于地方基本上是放权让利，可以称为行政性分权，即随时可以谈判，即毛泽东同志所说的"中央与地方商量着办事"的体制，但却忽视了毛泽东同志在《论十大关系》中所强调的前提"巩固中央权威"。

正是因为如此，1994 年分税制改革到 2002 年所得税分享改革，再到 2006 年《国有土地使用权出让收支管理办法》实施，到 2013 年营业税改增值税的系列税制改革，都是中央政府试图巩固中央权威的系列努力。这对于一个有着"话说天下大势，合久必分，分久必合"政治传统的中国而言，毫无疑问是一个最基本的法治问题。相比西方法治理论中主要关注的横向分权问题，中国法治中的纵向分权表现得更加突出。随时提醒中国共产党的最高领导人"保证党的统一，国家的统一，权力的集中，消除任何可能危及政权的危险，是中国共产党的最高层必须注意的一个大问题"。[1] 从这个维度，我们就可以理解完善社会主义市场经济的同时要强化意识形态的控制[2] 所具有的政治意义。因为即使是贼也知道"人心散了，队伍就不好带了"。[3]

总体说来，中央与地方的分权的制度安排，可以归纳为"发挥两个积极性"。具体的做法基本遵循了毛泽东同志提出的几个思路：同地方商量办事；明确中央与地方的事权；不断总结我们的经验，同时充分借鉴国外经验。事实证明毛泽东同志的判断十分准确，也符合当时的实际……秉持实用主义的态度，在符合中国国情的基础上予以充分吸收。在这一点上，从毛泽东到邓小平到习近平，是高度一脉相承的。[4] 如李克强总理在主持召开 2015 年部分省（区、市）政府主要负责人经济形势座谈会时强调"做好下一步工作，关键要充分发挥中央和地方两个积极性，充分激发各类企

[1] 苏力：《当代中国的中央与地方分权——重读毛泽东〈论十大关系〉第五节》，《中国社会科学》2004 年第 2 期。

[2] 参见习近平总书记在 2013 年 8 月 19 日全国宣传思想工作会议上的讲话："经济建设是党的中心工作，意识形态工作是党的一项极端重要的工作。宣传思想工作就是要巩固马克思主义在意识形态领域的指导地位；要深入开展中国特色社会主义宣传教育，把全国各族人民团结和凝聚在中国特色社会主义伟大旗帜之下。"

[3] 《天下无贼》中黎叔对美艳女贼小叶说："人心散了，队伍不好带啊。"（《天下无贼》根据赵本夫的同名小说改编而成，由冯小刚执导，刘德华、王宝强、刘若英等人主演，2004 年在上海首映）

[4] 毛泽东提出"实事求是"，邓小平提出"实践是检验真理的唯一标准"，习近平则提出"空谈误国，实干兴邦"，并反复强调要"知行合一"。

业的积极性，充分调动广大干部和群众积极性。"①李克强总理的这个讲话实际上涵盖了中国当代法治的三大问题：如何处理中央与地方的关系；如何处理政府与企业的关系；如何处理政府与公民的关系。第一个问题是关于政府自身内部权力如何构成的问题，第二、三个问题则是关于政府如何处理与市场经济中两大主体（企业和公民）关系的问题。两个问题合并起来就回答了一个国家宪制的基本问题：一个国家是如何发生构成的？那么立足于今天中国的实际国情即我国长期处于社会主义初级阶段这个最大实际，②前一个问题，关键是发挥中央与地方两个积极性。后两个问题的关键则是充分激发企业和公民自身的积极性。如何发挥中央与地方的两个积极性，并激发企业和公民自身的积极性，税制是一个关键性的制度安排。因为纵观世界历史，不论是美国、欧盟，还是中国改革开放的实践，已经说明税制改革就是对国家与公民关系的重新塑造。

四、未来税制改革的路径

党的十八届三中全会对于税制改革进行了重大部署，但具体如何理解和操作，仍存在许多疑问。前文所讨论的税制改革与法治之间的关系完全体现在党的十八届三中全会《决定》文件之中。首先看党的十八届三中全会《决定》关于财税体制改革的总体性要求："必须完善立法、明确事权、改革税制、稳定税负、透明预算、提高效率，建立现代财政制度，发挥中央和地方两个积极性。"正是基于中国仍将长期处于社会主义初级阶段的现实国情，也基于"两个一百年"的奋斗目标③，在实现富强民主文明和谐的现代化中国之前，必须坚持把以经济建设为中心同四项基本原则、改

---

① 参见 2015 年 10 月 13 日中共中央政治局常委、国务院总理李克强主持召开部分省（区、市）政府主要负责人经济形势座谈会上的讲话。

② 参见《中共中央关于全面深化改革若干重大问题的决定》，2013 年 11 月 12 日中国共产党第十八届中央委员会第三次全体会议通过。

③ 参见《坚定不移沿着中国特色社会主义道路前进　为全面建成小康社会而奋斗》。

革开放这两个基本点统一于中国特色社会主义伟大实践，这也意味着制度化的分权安排不是现实的选项。尽管"凡属重大改革都要于法有据。在整个改革过程中，都要高度重视运用法治思维和法治方式，发挥法治的引领和推动作用，加强对相关立法工作的协调"①，但在任何情况下都要牢牢把握社会主义初级阶段这个最大国情，推进任何方面的改革发展都要牢牢立足社会主义初级阶段这个最大实际。② 所以目前的制度安排就是"两个积极性"，这也意味着在税制改革领域，其背后逻辑也就是发挥中央与地方两个积极性，发挥企业和公民两者的积极性。理解了这一点，再来看党的十八届三中全会《决定》关于税制改革的总体性要求，就会有更深入的理解。完善立法是程序，明确事权、改革税制和透明预算是具体措施，稳定税负和提高效率是微观目标，建立现代财政制度并发挥中央和地方两个积极性才是根本的意图所在。

（一）两个积极性是目前的制度安排

前文已经论述了如何处理国家与公民关系、政府内部如何构成的制度安排。由于我们在新中国成立之初即采取卢梭—马克思路径的议行合一制度，而且全世界只有少数国家采取三权分立的宪制安排，所以中国特色社会主义建设道路中更有实践意义的政府内部权力分配是中央与地方的关系问题。正因为中国处于急剧的社会转型之中，我们无法仿效已经完全成熟的英国或美国，直接通过成文宪法来明确规定中央与地方的关系。因而在中国共产党带领中国全面建成小康社会（使各方面制度更加成熟更加定型）③之前，我们仍然需要秉持毛泽东同志在《论十大关系》中的观点：发挥两个积极性为原则。进一步理解，两个积极性包括两个层面的含义：一是要发挥中央政府与地方政府的两个积极性，二是要发挥企业、公民的两个积极性。

---

① 参见习近平总书记 2014 年 2 月 28 日下午主持召开中央全面深化改革领导小组第二次会议并发表重要讲话。
② 参见《坚定不移沿着中国特色社会主义道路前进　为全面建成小康社会而奋斗》。
③ 参见《坚定不移沿着中国特色社会主义道路前进　为全面建成小康社会而奋斗》。

（二）财政透明度是首要工作

党的十八届三中全会提出全面深化改革的总目标是"完善和发展中国特色社会主义，推进国家治理体系和治理能力现代化"[1]，财政体制改革是其重要抓手，财税体制改革之中财政透明度建设是当务之急。目前财政透明度建设主要存在几个主要问题。首先，法律依据权威不够。《中华人民共和国预算法》第十四条对预算公开进行了原则性规定[2]，缺乏操作细则，而且停留于公开层面，没有提升至"透明"层面。实践中财政透明度建设的主要依据是《中华人民共和国政府信息公开条例》（以下简称《条例》）。《条例》第十条第四、五、六款要求县级以上政府及部门要主动公布财政预算、决算报告；行政事业性收费的项目、依据、标准；政府集中采购项目的目录、标准及实施情况。[3] 尽管《条例》颁布以来在推动政府财政信息公开方面起到了强大作用，但仍然存在法规权威不够、覆盖面窄等问题。其次，对比财政透明度规则的四点形式要求[4]，目前的条例主要体现为第二点，即公开预算程序，第三点便于群众取得稍有涉及，至于第一点和第四点，目前的《预算法》和《条例》均未涉及。第一条政府职责法定是基础，第四条确保信息真实是保障，而且即便是公开预算程序也尚处于十分初步的层次，便于群众取得也十分不完善。总的说来，我国财政透明度规则不仅离国际通行标准十分遥远，即便按照《条例》自身的要求——"提高政府工作的透明度，促进依法行政，充分发挥政府信息对人民群众生产、生活和经济社会活动的服务作用"[5]，也还十分欠缺。再者，更为关键的是目

---

① 参见《中共中央关于全面深化改革若干重大问题的决定》，2013 年 11 月 12 日中国共产党第十八届中央委员会第三次全体会议通过。

② 参见《中华人民共和国预算法》第十四条。

③ 参见《中华人民共和国政府信息公开条例》（2007 年颁布）第十条。

④ 参见国际货币基金组织在其《财政透明度手册》中对"财政透明度规则"的内容进行的四个方面的概括：政府职责法定；公开预算程序；便利公众取得；确保信息真实。转引自《财政透明度手册》（2007 年版）。

⑤ 《中华人民共和国政府信息公开条例》（2007 年颁布）第一条。

前的财政透明度规则停留在行政法规和政策层面，带有很强的行政推动色彩，没有上升到法律治理的层面，因而无法长期化、制度化。相比政府部门，党的机构在财政信息公开方面的进展缓慢，从侧面证实了这一点。实际上国际货币基金组织《财政透明度手册》（2007 年版）在界定其四项基本内容时，第一条就是强调政府职责与财政管理要有明确公开的法律、法规和行政框架。这里面实际上阐明了广义上的财政法定原则。包括政府组织法定、政府职责法定、财政收入法定、财政支出法定。

（三）完善税制是关键环节

前文已经论述了税制改革即法治改革，因而在实现财政透明度规则的同时，完善税制是下一步财税体制改革的关键之所在。我国的税制属于结构性问题，主要包括三个方面的内容：直接税比重低；财产税缺失；个人所得税课征制度。[①] 这三个问题实际上是相互关联的。直接税比重低，主要体现为个人所得税和财产税比重太低，而从世界各国现代化历史考察，一个国家对公民权利的保障程度与其直接税比重有较强的正相关关系。以美国的进步时代为例，就可以发现直接税对于一个国家的现代化起着关键性的作用。"美国 19 世纪 80 年代出现了市政建设腐败……增多的现象。美国没有采取激烈的政治改革，但是从税收和预算入手……个人所得税，今天成为美国最大的联邦收入来源，也成为调节社会收入的最大工具。"[②]"只要消费税占据了国家财政的中枢，就会造成人们不能监督、控制租税国家运行状况的可怕状态。"[③]财政幻觉理论也证明了现代政府之所以偏好间接税是因为间接税使公众无法感受到"税痛"却因为政府的开支受益，因而丧失监督政府开支的动力，支持政府扩大开支而产生财政危机。"财政幻觉是指：存在某种没有被公民观察到或没有充分观察到的政

---

① 参见安毅：《我国中长期税制改革研究》，《税务研究》2010 年第 10 期。

② 贾康：《中国税制改革中的直接税问题》，《华中师范大学学报（人文社会科学版）》2015 年第 3 期。

③ 李炜光：《直接税和民主》，《南风窗》2005 年第 11 期。

府税收来源……一些或所有公民会从这些花费中获益，而对于政府的支持就会增加。……他们看不到支付更高税收或错过税收削减而带来开支增长的痛苦。"①

所以未来的税制改革可以考虑围绕提高直接税比重展开。首先是对个人所得税制改革。具体包括申报方式可以选择个人或者家庭申报；增加扣除项目；实行分类和综合相结合的课征模式，最终实现综合所得课征模式。最后一点尤为关键，尤其是对高收入人群收入情况的掌握，加强征管模式的改变，以自主申报为基础，加强税务稽查。其次是完善财产税制度。比如房地产税。"作为地方税中适合于由地方低端来掌握、面对公众提供公共服务的资金来源，这一税制有非常值得重视的对于民主理财、依法理财制度建设的催化作用。"②

（四）明确中央与地方事权为制度化分权准备

党的十八届三中全会《决定》为正在进行的税制改革规划的三个步骤，改进预算是紧要工作，税制改革是关键一环，明确事权最为重要，难度也最大，只能摆在最后。因为中央与地方事权划分实际上是中国法治的基本问题，从毛泽东开始到历届领导人对待这一问题的解决思路都是采用实事求是的态度，必须立足于中国现实国情并服务于中华民族伟大复兴这一宏大目标。为了实现这种跨越式发展，为建设一个伟大的社会主义国家而奋斗③，既要保证民族国家的统一④，又要给予地方政府以动力发挥其积极性来应对经济社会急剧变迁中的各种情形，制度化、文本化的分权自然

---

① ［英］丹尼斯·C. 缪勒：《公共选择理论》（第 3 版），载韩旭、杨春学等译，中国社会科学出版社 2010 年版。

② 贾康：《中国税制改革中的直接税问题》，《华中师范大学学报（人文社会科学版）》2015 年第 3 期。

③ 参见毛泽东：《为建设一个伟大的社会主义国家而奋斗》，《人民日报》1954 年 9 月 15 日。

④ 党的十八大以后中央反复强调党员干部要严守的各项纪律，首先是政治纪律。同时反复强调地方高级领导干部不得对中央大政方针妄议。

被排除在外。但是中央显然也认识到很多问题的根源是由于中央与地方的分权非制度化，因而长远来看制度化分权是最终的目标，所以在决定中又强调"保持现有中央和地方财力格局总体稳定，结合税制改革，考虑税种属性，进一步理顺中央和地方收入划分"①，为最终实现中央与地方的制度化分权打好基础。而且中央不仅有理念，而且已经付诸实践。让很多学者忽视的是 2015 年修订的《中华人民共和国立法法》（以下简称《立法法》）对于地方立法权的修改。《立法法》第七十二条规定："设区的市的人民代表大会及其常务委员会根据本市的具体情况和实际需要，在不同宪法、法律、行政法规和本省、自治区的地方性法规相抵触的前提下，可以对城乡建设与管理、环境保护、历史文化保护等方面的事项制定地方性法规。"相比 2000 年《立法法》中的表述"较大的市"②，本次对《立法法》的修订实际上赋予了 284 个地级市市政建设立法权。"较大的市"本身就是一个法律概念，是 1982 年设立，为了赋予地方立法权而提出的一个概念。从 1982 年赋予直辖市、省会城市、经济特区城市立法权，市政建设立法权从较大的市扩展到所有地级市。2015 年《立法法》的修订其实质是地方政府的权力下放，某种意义上可以被认为是制度化分权的一个重要步骤。

---

① 参见《中共中央关于全面深化改革若干重大问题的决定》，2013 年 11 月 12 日中国共产党第十八届中央委员会第三次全体会议通过。

② "较大的市"这个概念，最早出现在《中华人民共和国地方各级人民代表大会和地方各级人民政府组织法》第七条规定中，是专指由国务院批准为"较大的市"的城市。不包括直辖市、省会市和经济特区所在地市。国务院共四次审批了共 19 个"较大的市"。其中，重庆因升格为直辖市而不再是"较大的市"，目前实际存在的经批准的"较大的市"只有 18 个。在 2000 年的《立法法》中对"较大的市"概念进行了扩展，包括省政府所在城市、经济特区城市和国务院批准的"较大的市"。

第二章 我国税收立法模式的纵向观察（1977—2017年）
——从集权角度切入

一、问题的提出

中国历史上的改革往往是财政体制压力所致，所以改革的先导往往是税收改革。税收改革的形式要通过立法，所以本文所讨论的就是税收立法（当然这里的立法是广义的，而非狭义的全国人大及常委会制定的法律）。今天所有讨论中国税收立法的学者几乎都理所当然地认为1993年分税制改革是一个重要分水岭，即之前的中国税收立法是分权模式的，而1993年之后的税收立法是集权模式的。也许是分税制改革的影响过于巨大，也许是学者们的疏忽大意，对于1993年之前的中国历史没有进行认真的考量，即便是改革开放之后的税收立法史，也只有少数学者进行了一些初步研究。事实上，只要把研究历史的眼睛稍微往前放一放，就会发现1993年分税制改革只是历史长河中的一小段。早在1977年，国务院财政部就下发了一个非常重要的文件——《财政部关于税收管理体制的规定》[①]，这个文件收回了在1970年中国人民解放军财政部军事管制委员会所出台的《关于下放工商税收管理权的报告》中下放到省一级的税收立法权。这实际上对学术界通常的几个关于税收立法模式的假设和前提都提出了质疑，一是关于中国税收立法模式历来是集权的观点，二是中国税收立法模式1993年分税制改革之前是分权的，之后是集权的观点。那么究竟如何，

---

① 参见财税〔1977〕15号文件。

需要对中国税收立法的历史进行更清楚的梳理。除此之外，税收立法的模式对中国的经济改革发展产生了什么样的关联，也需要进行进一步的梳理，以便为下一步的财税体制改革和立法提出建设性的方案。

二、中国税收立法的历史观察（1977—2017 年）

对于 1977 年之前的税收立法历史，学术界只有少数研究，大多一笔带过。从有限的文献来看，1977 年之前中国的税收立法经历了集权、分权、再集中的过程。最早的集中是 1950 年政务院公布的《关于统一全国税政的决定》（以下简称"1950 年决定"）。该决定明确规定："凡有关地方性税收之立法，属于县范围者，得由县人民政府拟议报请省人民政府或军政委员会批准，并报中央备案；其属于省（市）范围者，得由省（市）人民政府拟议报请大行政区人民政府或军政委员会核转中央批准。"① 从这个决定表现出来的内容，可以发现在新中国刚成立时的中国税收立法是相对集中于省级政府和中央两个层面，但市县仍有税收立法的起草权。

之后的 1958 年和 1970 年中央两次决定实施大规模的税收立法权下放。1958 年 6 月 5 日全国人民代表大会常务委员会第九十七次会议《决议》：原则批准国务院关于改进税收管理体制的规定。改进的原则是：凡是可以由省、自治区、直辖市负责管理的税收，应当交给省、自治区、直辖市管理；若干仍然由中央管理的税收，在一定的范围内，给省、自治区、直辖市以机动调整的权限；并且允许省、自治区、直辖市制定税收办法，开征地区性的税收。② 为执行毛泽东同志关于"在中央的统一计划下，让地方办更多的事"的指示，1970 年 4 月 13 日，国务院同意财政部军管会报送的《关于下放工商税收管理权的报告》，将部分工商税收的管理权下放给

---

① 参见 1950 年政务院公布的《关于统一全国税政的决定》。
② 参见 1958 年 6 月 5 日全国人民代表大会常务委员会第九十七次会议《决议》批准的《国务院关于改进税收管理体制的规定》。

省级革命委员会。①

一直到 1977 年 11 月 13 日，国务院批转财政部报送的《关于税收管理体制的请示报告》，重新集中税收立法权……除了体制规定的权限以外，任何地方、部门和单位都无权自行决定减免税。民族自治区另有规定。②对于 1977 年之前税收立法历史的一个简单回顾，是想揭示我们的税收立法并非一直就是走的不断集权的模式，而且今天我们的税收立法不断走向集权的特征与中国文化传统也没有什么关联。事实上，从 1949 年新中国成立，我们党在税收立法权方面，除了新中国成立之初略微进行过一次集中（仍然保留县市的草拟权），在新中国成立后的 30 年里主要是从中央往地方分权的。主要的表现就是 1958 年和 1970 年两次税制改革。学术界通常认为计划经济决定了税收体制要走向集权，但事实并非如此。在 1977 年之前（通常被认为是典型的计划经济时代）税收立法却是高度分权的，而 1977 年之后（普遍被认为是从计划经济走向市场经济的时代）税收立法却是不断走向集权。1977 年税制改革报告是一个十分重要的转折点。这次税制改革报告的批转启动了改革开放后 40 年的税收立法集权史。

（一）转轨时期的税收立法（1977—1992 年）

在 1977—1992 年之间这段时间，可以被认为是转轨时期，因为整个社会还没有确定建设"社会主义市场经济"的整体目标。那个时期的整个认识是"社会主义就是计划经济，市场经济是属于资本主义的"。1984 年党的十二届三中全会提出"有计划的商品经济"的观点。但是从 1977 年国务院批转《关于税收管理体制的请示报告》（以下简称《请示报告》）来看，中央财政实际上面临比较大的压力。因为一旦中央决定拨乱反正，要把整个社会的主要工作转到经济建设这个中心上来，就意味着需要大量的财政力量来支撑。所以不论是实行计划经济，还是市场经济，税收立法权

① 参见霍军：《新中国 60 年税收管理体制的变迁》，《当代中国史研究》2010 年第 3 期。
② 参见 1977 年 11 月 13 日国务院批转财政部报送的《关于税收管理体制的请示报告》。

的收紧就变成一种趋势。这个内在逻辑与 1950 年税收立法改革有着类似的逻辑。

如果进一步深入思考下去，就可以发现税收立法改革与政治形势有着密切关系。1958 年之所以进行向地方分权的税收立法改革，正是因为毛泽东同志力推人民公社化运动。而 1969—1970 年的税收立法改革正是在"九大"召开之后，中国与美苏两个大国关系紧张的背景之下所进行的。正是因为面临着战争的危险，当时中央决定将税收立法权下放到地方。到了 1977 年，随着"四人帮"被粉碎，中美中日关系正常化[1]，国际国内形势趋于稳定，为了大规模的开展经济建设，同时也是为了解决中国这样一个政治经济发展不平衡的老问题，加强中央对于税收立法权的控制就显得十分现实和必要了。

在 1977—1992 年之间的税收立法改革，最重要的内容就是两次"利改税"。两次"利改税"，其实质是调整国家与企业的利益分配关系。放权让利成为当时整个社会的改革口号，以此来激励地方和企业展开经济建设，并释放出活力。但是此段时间内的税收立法权却反复被强调是中央所拥有。如果从整体上来看，就是中央在鼓励地方展开经济建设的同时却牢牢把握税收立法权，严厉禁止地方越权减免税。尽管有学者认为 1977—1992 年之间的税收立法权集中是一种历史的偶然[2]，但现在看来却并非如此。目前来看，对税收立法权集中并非一个偶然的产物，而是执政党有意识的一种政治上的集权。执政党很可能在鼓励地方政府竞争的同时加强政治上的控制，比如官员任命和编制的控制。也就是经济上的更加自由和政治上的更加集中同时展开。

（二）社会主义市场经济确立后的税收立法（1993—2017 年）

1992 年党的十四大确立了中国建立社会主义市场经济的目标。按照通

---

① 中日是 1972 年建交；中美 1978 年签署联合公报，1979 年正式建交。
② 参见崔威：《税收立法高度集权模式的起源》，《中外法学》2012 年第 4 期。

常的理解，建立市场经济意味着经济朝向更加自由的方向，意味着企业被赋予更多自主的权利。事实上，1992 年之后的企业也被赋予更多的自主权。但另一个方面，在中央与地方的关系上，中央进一步收紧了中央对于地方的控制。一个典型的例子就是中央政府进一步收紧税收立法权。1993 年的分税制改革以中央文件的形式开始了近二十年来影响最为深远的税制改革。如果说 1983—1984 年两次"利改税"还是通过全国人大授权立法的形式来展开的话，那么 1993 年分税制改革完全省略了这道程序，中央政府直接进行了事实上的税收立法。不仅是中央政府直接进行税收立法，而且国务院财税主管部门更是大规模地进行事实上的税收立法。在实际的税收立法实践中，中央政府和国务院有关部门的规范性文件占据着绝对的主导地位。

简而言之，1993 年之后的中国税收立法呈现出与市场经济完全相背离的特征。一方面，整个市场经济越来越趋向自由的方向，市场要在资源配置中起着决定性作用。另一方面，税收立法权则进一步呈现向中央集权的趋势。这种集权又表现为两个方面。一方面税收立法权从地方向中央收紧，另一方面税收立法权从全国人大向中央行政机关逐步收紧。税收立法权两个方面的收紧实际揭示了中国改革中一个重要特征，即经济的进一步放松，立法权的进一步收紧。立法权的收紧实际上是作为政治上集权的一种表现。如果说中央对于地方进一步集权是一种中央与地方之间的博弈，那么立法机关进行空白授权使得行政机关主导着二十多年税收立法权，实际上是在法治层面上的一种倒退。

尽管在 1992 年党的十四大上中国确立了社会主义市场经济的目标，1997 年党的十五大确立了依法治国的治国方略，但税收立法领域的治理欠缺，一个典型的例子就是 20 世纪 80 年代至 90 年代早期政府所发布的许多文件都引用 1977 年请示报告作为做出减免税决定的程序性依据。随时间推移引用该税收立法规则的次数呈普遍增长趋势。[1] 这表明在整个 80

---

① 参见崔威：《税收立法高度集权模式的起源》，《中外法学》2012 年第 4 期。

年代一直到 90 年代初，税收立法领域的规则意识仍然很强。而 90 年代中期之后，地方政府普遍的越权减免税现象使得国务院和财税主管部门多次发布规范性文件来进行整顿，但却收效甚微。这表明在税收立法领域的规则遵守程度（法律的实施效果）从 80 年代到 90 年代反而出现了下降和倒退。

（三）税收立法集权伴随着中国经济高速增长

通常学术界认为税收立法的分权符合财政联邦主义的观点，会有利于市场经济的发展，而税收立法的高度集权则不符合财政联邦主义，因而对于市场经济的发展是不利的。但中国自 1977 年之后的税收立法权不断加强集权却伴随着中国市场经济的高速增长，自 2010 年之后中国的 GDP 总量已经稳居世界第二位。连续四十年的经济高速增长，中国经济实际上已经打破了无数西方经济学定理，包括财政联邦主义。财政联邦主义来自于美国财政经济学家马斯格雷夫，他立足于美国的多级政府提出了财政联邦主义。随后美国的财政联邦主义又经历了二元联邦主义、合作联邦主义和新联邦主义三个阶段[1]，其制度和理论基础立足于有限政府，与中国有明显不同。

中国自古以来就是一个全能型政府，民众对于政府的期待是全方位的。除此之外，中国的市场经济的发展是政府推动型的市场经济，存在一个长期的培育期，在市场经济的发展过程中，政府始终扮演着重要的角色。比如中国政府需要大规模投资基础设施来增强城市的吸引力，需要政府来招商引资，来进行土地整理，这都是与西方国家大大不同的。中国政府还会针对贫困群体进行大规模的精准扶贫。这都是西方市场经济国家所无法理解的。中国政府不会允许国有银行和地方政府破产。这些政府行为都需要大量的财政资源。尽管这些行为中难免存在腐败和寻租行为，但也

---

[1] 参见王德祥：《美国财政联邦主义的发展演变及启示》，《财政经济评论》2014 年第 1 期。

不能因噎废食。而且以上的多数公共产品都是需要一个强大的中央政府来推动。所以，为了实现中国的城镇化，建设社会主义新农村，"两个一百年"奋斗目标，不断加强税收立法权的集权就成为不二选择。

在 1957—1976 年，正是基于对美国迅速发展的观察，以及当时与苏联备战的国际形势，中国共产党的第一代领导核心毛泽东同志两次尝试下放税收立法权（分别是 1957 年和 1970 年），给地方更大的税收立法权。今天从历史的视角来看，效果并不是非常理想。1949 年之后历史表明，下放税收立法权会导致地方出乱子，而过于集中财力又会打击地方政府积极性。所以，税收立法集权并下放财力（通过财政转移支付）的方法是一条切实可行的中国道路。这样既解决了地方财力不足的问题，又可以避免地方坐大不听中央号令的问题。当然这个方法目前仍然在探索之中，随着中国市场经济的发展还会不断进行调整。

三、税收立法模式的进一步思考：税收政策化

从历史来看，从 1977—2017 年这 40 年之间，税收立法表现出两种相互矛盾的特征。一方面如前文所述，税收立法权越来越集中于中央，但另一方面税收立法行政化倾向严重。其具体表现就是绝大多数税收立法都表现为十多部税收条例，而非严格的全国人大立法。具体到税收立法模式，就表现为集权模式（统一的全国人大立法）和试点模式（行政主导下的试点或试行条例）。

纵观这 40 年的税收立法，可以发现在 1977—1992 年这前半段，集权模式表现突出，即几部主要的税法《个人所得税法》《企业所得税法》《税收征管法》都是在这个时期出台，而且前文已经提到 1977 年《请示报告》在实践中被反复引用，都表明这段时期税收立法的法治化程度较高。相反，在 1993—2017 年这个更长的改革时间段内，仅仅出台了一部《车船税法》。更为明显的是在长达几十年的时间段里，15 个税收条例不断进行试点暂行，迟迟无法正式上升为法律。

我们以增值税条例为例进行说明。国务院在 1984 年便发布《增值税条例草案》，共"试行"了 10 年，直到 1994 年国务院制定的《增值税暂行条例》出台。在增值税逐步在实践中相对成熟后，探索增值税从"生产型"转为"消费型"的"转型试点"于 2004 年先在东北地区开始试点，逐步推至中部地区，随着全球金融危机，于 2009 年推向了全国，此时社会舆论要求将《增值税暂行条例》升格为"法律"的呼声亦不断高涨。此时形势又发生了变化。即从 2012 年开始，我国开始推行营业税改增值税的试点或称"扩围试点"，并逐步在全国推开。[①]

营业税改增值税的结果形式上是结构性减税，其实质则是中央进一步将原本属于地方税的营业税纳入了共享税的增值税中。再结合 1993 年分税制改革、2002 年所得税分享改革，其实可以发现之所以税收立法走向政策化，一个重要的原因在于中央政府还不希望中央与地方的关系用法律来予以固化，而是希望将主动权掌握在中央政府手中，随时可以通过政策和文件来调整税收，从而实质上调整中央与地方的关系。因为一旦这些主要税种进行了全国人大层面的立法，那么要修正和调整的成本就十分高昂。

1994 年分税制改革之前，中央财政面临入不敷出的困境，财政大包干制已经包死了中央财政，中央靠借债度日，1993 年财政赤字达到 300 亿元……中央财政难以为继，一度不得不向富裕的地方政府借钱。[②] 而 1997 年中国周边又发生亚洲金融危机。2003 年发生非典事件，2008 年发生汶川大地震以及世界性的国际金融危机。可以说国际形势风云变幻。这都表明一个越来越充满不确定性的风险社会的到来。抵抗风险社会的一个重要方法就是更大范围的联合和调配资源。在应对历次重大突发事件（比如汶川大地震、亚洲金融危机、国际金融危机）时，中国政府均表现优异，一个因素就是中国政府赤字率较低，中央财政收入比较充盈。在分税

---

① 参见张守文：《我国税收立法的"试点模式"——以增值税立法"试点"为例》，《法学》2013 年第 4 期。

② 参见刘尚希：《分税制的是与非》，《经济研究参考》2012 年第 7 期。

制改革后二十年，依靠强大的中央财政，中国政府抵抗了大量的社会风险，化解了众多危机。

税收政策化有显而易见的好处，就是中央政府的权力越来越大，中央政府可以在全国范围内进行更大的资源调配和平衡。一个典型的案例，就是在 2003 年之后，中央政府先后实施了西部大开发战略和东北振兴，以及中部崛起战略，并免除了农业税。这几项重大举措可以说极大改善了政府与社会底层的农民之间的关系，并且相对缓解了东中西部之间差距越来越大的不平衡。一系列的重大工程，比如南水北调、高铁项目、奥运会都得以实施，对于中国而言意义十分重大。

四、税收政策化的消极影响

凡事有利必有弊。在中央政府与地方政府之间的博弈中，税收立法权始终是博弈的中心。因为财政是一切权力的核心。（布坎南语）由于没有法律存在，中央政府可以不断通过文件和政策的方式来调整税收。固然中央政府（尤其是中央财税主管部门）的权力越来越大，但是这也造成了诸多弊端。

首先，这使得文件治国大行其道。在只有四部法律的中国税收体系中，中央财税主管部门的红头文件是其中真正的国王。分税制不在税法规范体系内却有着高于任何税法规范的约束力，其所确立的基本原则得到税收立法的遵循和细化。[1] 常常出现某个企业直接找到国家税务总局要求获得一个特殊的税收优惠政策（以红头文件形式出现）的情况发生。

其次，地方政府越来越依赖于预算外收入。民间俗语说："上有政策，下有对策。"中央政府讲政策，地方政府找对策。地方政府的对策有两个，一个是"跑部钱进"，另一个则是经营城市。"跑部钱进"造成腐败发生，

---

[1] 叶姗：《税权集中的形成及其强化——考察近 20 年的税收规范性文件》，《中外法学》2012 年第 4 期。

经营城市则以土地财政形式出现，使得地方债务风险变得越来越大。

再者，地方政府复制中央与省之间的财政关系。1993年分税制改革只是解决了中央与省级政府之间的税收权力问题，而对于省以下政府之间的税收权力问题则授权省级政府来决定。地方政府仿效中央与省级政府的分税制度，使得越是下一级政府，其税收权力越小，而事权则不断下放。其结果就是市县区严格受到省级政府的约束，自主权和积极性不断下降。

然后，中央政府与市县之间的关联反而减弱。由于分税制改革主要解决中央政府与省级政府之间的关系，而省以下的市县区政府几乎没有税收权力，导致市县区政府更多关注省级政府的政策导向，对于中央政府的政策是否执行需要看省级政府的态度。一般而言市县区很难直接从中央政府获得财力（或者很少），因为税收权力严重集中在中央政府手中，所以地方政府的财力很大程度上取决于省级政府的财政转移支付，所以省级政府的地位在改革开放之后不断上升。从另外一个角度可以印证这个观点。在改革开放之后，要成为实质的中央领导成员，一般而言必须经历省级党的一把手的锻炼。而在1977年之前，则几乎不存在这个问题。省级政府的地位上升，其实隐含着两个方面，一个是中央政府的权威下降，另一个则是市县区更关注省级党委和政府的政策。

所以，通过以上分析，1977年以来的税收立法模式的集权化和政策化，的确增强了中央财政的力量，使得中央政府在宏观调控和地区均衡方面取得了巨大成果，但同时也产生了意外的结果，即中央政府与市县区政府直接的关联度下降，省级政府权威上升，"政令不出中南海"由此而生。因为税收立法的集权化和政策化，使得地方政府在制度上更依靠于省级政府的财政转移支付和政策支持。这也是近二十年来省委书记岗位出现严重问题[1]的一个重要原因。

---

[1] 典型的如曾任江西等多省省委书记的苏荣、辽宁省委书记王珉、两任重庆市委书记薄熙来和孙政才、北京市委书记陈希同、上海市委书记陈良宇、天津市委代理书记黄兴国等。

五、税收立法模式完善的进一步思考

本文前述三个部分的分析，主要对中国改革开放后的税收立法历史进行了一个比较全面的梳理，并与之前的税收立法进行了一个初步对比，也比较了美国的财政联邦主义，基本的一个结论就是：基于中国的文化和制度传统，以及 1977 年之前税收立法的探索，中国政府在 1977 年之后不断对税收立法权进行向中央的集中（与财力下放形成鲜明对比），并促进了中国市场经济 40 年的高速发展，但也滋生了税收政策化的弊端。尤其是在 1993 年分税制改革之后，中国税收立法越来越走向政策化，税收法治化程度走低，亟待增强。基于前文分析和结论，本文建议从以下方面进一步完善中国税收立法模式。

首先，是落实税收法定原则，增加税收立法的法治化程度。对于税收法定中的"法"，要做狭义理解。税收法定原则中的"法"，仅限于狭义的法律，即立法机关通过法定程序制定的法律文件。在中国，就是指全国人大及其常委会制定的法律，不包括行政机关制定的行政法规、规章及其他规范性文件。① 除此之外，税收法定原则要求所有税收基本要素都由法律规定。虽然修改后的《立法法》第八条第六项只点出税种的设立、税率的确定和税收征收管理，但其后的"等税收基本制度"意味着纳税人、征税对象、计税依据、税收优惠等税收基本要素都属于税收基本制度，只能由法律规定。

其次，进一步完善税收立法集权化模式。如果从更广的 1949 年以后的税收立法的历史来看，财政联邦主义（1957—1976 年）在中国试行得并不成功。用发源于美国的财政联邦主义来理解 1977 年之后的中国市场经济的成功，是不符合实际的。前文已经分析，中国自 1977 年之后税收立法权一直处于向中央集权之中，只不过在 1993 年分税制改革之后进一

---

① 参见刘剑文：《落实税收法定原则的意义与路径》，2017 年 9 月 1 日在全国人大常委会第 30 次专题讲座上的讲稿。

步强化。向地方分散的是财力而非税权。党的十八届三中全会《决定》明确提出"建立事权和支出责任相适应的制度",而并非"事权与财权相适应的制度"。实践也证明税收立法权的上收并不与财力下放相冲突,因而也并不影响整个市场经济的发展。

改革开放之后,关于中央与地方的财政关系在中央文献中的表述经历了"事权与财权相结合""事权与财权相匹配""事权与财力相匹配"和"事权与支出责任相互匹配"的变化。这种中央文献的表述实际上反映了中央政府对于央地财政关系的不断探索。尽管有学者认为事权与财权相匹配的财政联邦主义才是财税体制改革的目标,① 但反复推敲的中央决定中的表达变化绝非只是字眼的变化。从 1949 年新中国成立之后六十多年的税收立法实践,我们发现"建立事权和支出责任相适应的制度"是符合我们的市场经济发展和政治实践的。归根到底,这是由中国国情所决定的,即中国是一个政治经济发展极不平衡的大国,与周边多国还存在领土争端,国际形势错综复杂等等。这些国情以及我们 1977 年之前的经验教训都告诉我们,在政治上要适当集权,在税收领域则表现为中央掌握税收立法权。通俗地讲,地方可以多支出,而且必须承担支出责任,但税权掌握在中央。地方可以在中央授权之下进行授权立法。

再者,进一步完善授权立法制度。强调税收法定原则和税收立法权掌握在中央并不意味着不允许授权立法,相反要充分运用授权立法来补充一些中央立法的局限性。比如一些地方性的税种,在中央统一掌握立法权的基础上,考虑到地方的差异性,可以在税率、税目等税收基本要素上授权地方予以合理掌握。2016 年通过的《环境保护税法》就是遵循了这样的原理。具体说来,授权立法分为横向的授权立法和纵向的授权立法。2015年修订的《立法法》对于横向的授权立法问题进行了规范,即对授予的对象和程序进行了基本规定。② 这对于授权立法的规范有着十分重大的意义,

---

① 参见徐阳光:《论建立事权与支出责任相适应的法律制度——理论基础与立法路径》,《清华法学》2014 年第 5 期。

② 参见《中华人民共和国立法法》第九、十条。

但是对于中央向地方的纵向授权立法没有涉及，是一个很大的遗憾。下次修改《立法法》或者制定税收基本法时，应该对于纵向的授权立法予以规定，并对可被授权的主体、程序、内容予以详细规范。因为中国如此之大，各省之间的差异如此之大，一些涉及地方税的税收法律，尽管地方无税收立法权，中央仍可以授权地方以法定范围内的裁量权。至于被授权对象，以省级人大为好，因为省级人大作为省级代议机关，其合法性更高，且相对中立。

然后，严格规范税收政策，将"文件治国"控制在有限层面。尽管在中国的社会急剧转型时期，"文件治国"短期内无法避免。在"文件治国"与依法治国的关系上，要认清依法治国将成为社会的主要治国方略。尽管人治与法治仍将长期存在，但是要从上到下①都从主观上认清，随着市场经济的进一步发展，依法治国不仅能够最大效率和公平的形成较好的社会治理，而且客观上法治具备了成为社会纠纷主要解决渠道的条件。法治可能对于某个个人而言，造成了一定的社会成本，但是对于整个社会的绝大多数人而言，社会成本会大大降低，从而提高了整个社会的福利水平。②因而依法治国本质上不仅是公平的，也是符合效率的。"文件治国"要严格限制使用，而且要在宪法与法律框架内进行。换句话说，"文件治国"是在法治无法覆盖的空白地带，且法律无法在较短时间内予以规范时，才从权而办的特殊情形。社会首选的解决规则应该是寻求法律上的救济。

①　即习近平总书记所讲的抓住"领导干部"这个"关键少数"，以上率下，形成合力。参见习近平总书记在 2017 年省部级主要领导干部学习贯彻十八届六中全会精神专题研讨班上的讲话。

②　参见张学博：《文件治国的历史观察：1982—2017》，《学术界》2017 年第 9 期。

第三章 我国税收立法模式的横向观察

——以授权立法为视角

到目前为止，现有 18 个税种中仍有 12 个税种是国务院根据 1985 年全国人大对国务院的授权而进行的授权立法。对于授权立法的研究，学术界局限于运用法律保留原则对其进行批判，却缺乏在中国现实场景中的历史观察。现有研究普遍局限于规范意义上的立法研究，对于大量的权威的党和国家规范性文件缺乏足够的重视和思考，简单认为除了宪法与法律之外的文件都是非正式文本，缺乏法学研究的必要。然而，在现实的场景之下，包括中共中央、全国人大、国务院都有大量的并非以法律形式出现，却与法律意义相近的普遍适用的规范性文件。这些规范性文件伴随着整个改革开放，所以研究改革与立法的关系不得不关注这些为学术界所忽视的规范性文件。在这些规范性文件中，授权立法是非常典型的一种。因为篇幅所限，本文重点从税收授权立法视角来考察税制改革。

一、税制改革的主要依据：1984 年、1985 年立法授权

中国的立法授权，总的说来包括三种：第一种是全国人大对常委会的授权；第二种是全国人大对地方立法机关的纵向授权；第三种则是全国人大及常委会对于国务院的立法授权。与税制改革相关的主要是第三种，全国人大及常委会对于国务院的立法授权。

全国人大及常委会对于国务院的立法授权主要有三次。第一次是1983 年 9 月 2 日，第六届全国人大常委会第二次会议决定：授权国务院对

1978 年 5 月 24 日第五届全国人大常委会第二次会议原则批准的《国务院关于安置老弱病残干部的暂行办法》和《国务院关于工人退休、退职的暂行办法》的部分规定作一些必要的修改和补充。①

第二次是 1984 年 9 月 18 日，第六届全国人大常委会第七次会议根据国务院的建议做出决定："授权国务院在实施国营企业利改税和改革工商税制的过程中，拟定有关税收条例，以草案形式发布试行，再根据试行和经验加以修订，提请全国人民代表大会常务委员会审议。"同时还规定："国务院发布试行的以上税收条例草案，不适用于中外合资经营企业和外资企业。"②

第三次是 1985 年 4 月 10 日，第六届全国人大第三次会议决定：授权国务院对于有关经济体制改革和对外开放方面的问题必要时可以根据宪法，在同有关法律和全国人大及其常委会的有关决定的基本原则不相抵触的前提下，制定暂行的规定或条例，颁布实施，并报全国人大常委会备案。经过实践检验，条件成熟时由全国人大或者全国人大常委会制定法律。③

这三次立法授权与税制改革相关的是后两次，但是两次立法授权又稍有不同。1984 年的授权主体是全国人大常委会，而且授权内容就是针对利改税和工商税制改革。1984 年 9 月 11 日，国务委员兼财政部部长王丙乾在《关于国营企业实行利改税和改革工商税制的说明》中指出：利改税的第二步改革，不仅是税收缺席的重大改革，也是整个城市经济体制改革的重要组成部分，是搞活经济的关键一着。④

---

① 参见 1983 年第六届全国人大常委会第二次会议授权国务院对 1978 年 5 月 24 日五届全国人大常委会第二次会议原则批准的《国务院关于安置老弱病残干部的暂行办法》和《国务院关于工人退休、退职的暂行办法》的部分规定作一些必要的修改和补充。

② 参见 1984 年第六届全国人大常委会第七次会议授权国务院在实施国营企业利改税和改革工商税制的过程中，拟定有关税收条例。

③ 参见 1985 年第六届全国人大第三次会议《关于授权国务院在经济体制改革和对外开放方面可以制定暂行的规定或者条例的决定》。

④ 参见 1984 年 9 月 11 日国务委员兼财政部部长王丙乾《关于国营企业实行利改税和改革工商税制的说明》。

1985 年的授权主体则是全国人大，其授权对象则是有关经济体制改革和对外开放方面的问题。因而 1985 年全国人大对国务院的授权相比 1984 年授权大大扩展了。因为 2009 年全国人大常委会废止了 1984 年全国人大常委会对国务院的立法授权，① 所以 1985 年全国人大对国务院的授权反而成为现行税收条例合法性的唯一来源。

全国人大常委会法制工作委员会主任李适时解释说，"依据 1985 年的此项授权，国务院已经制定了一系列税收暂行条例，这个授权决定已将 1984 年的授权决定覆盖。而 1984 年的授权决定主要是解决经济体制改革初期国营企业利改税和工商税制的问题"。②

在李适时看来，1984 年的授权立法之所以被废止，并非因为其合法性存在问题，仅仅因为其内容为 1985 年全国人大对国务院的授权所覆盖，因而没有必要继续保留。所以现行税收条例的主要形式合法性来自于 1985 年全国人大对于国务院的授权。因而对 1985 年全国人大对于国务院授权的合法性的关注有很大理论价值和实践意义。除了通常学界关注的法律规定之外，党和全国人大的规范性文件以及领导人的重要讲话也是文章研究的重要参考。

二、税收授权立法的合法性

（一）1985 年全国人大立法授权的形式合法性研究

为了保障经济体制改革和对外开放工作的顺利进行，第六届全国人民代表大会第三次会议决定：授权国务院对于有关经济体制改革和对外开放方面的问题，必要时可以根据宪法，在同有关法律和全国人民代表大会及其常务委员会的有关决定的基本原则不相抵触的前提下，制定暂行的规定

---

① 参见 2009 年 6 月 27 日第十一届全国人大常委会第九次会议关于废止全国人大常委会 1984 年立法授权的决定。

② 参见刘炜：《授权国务院立法 28 年》，《民主与法制时报》2011 年 6 月 7 日。

或者条例，颁布实施，并报全国人民代表大会常务委员会备案。①

　　这个授权有几点值得注意的地方。首先是授权主体。这个授权主体是全国人大而非全国人大常委会。因此其合法性和效力等级要比 1984 年的授权高。其次是授权对象。被授权对象是国务院，即中央人民政府。这意味着进行授权立法的主体是国务院而非国务院部门。然后立法授权的内容是关于经济体制改革和对外开放方面的问题。这次立法授权的内容相比 1984 年授权大大扩展了。再者，国务院进行授权立法的依据是宪法和法律。授权决定明确指出：必要时可以根据宪法来制定暂行的规定或者条例。② 因而，这实际上是一个限制性条款。另外，授权立法的时效应该是暂行。最后一个是程序性要件，即国务院根据宪法和法律制定暂行条例，并报全国人大常委会备案。因而这个立法授权实际上包括主体、对象、内容、依据、时效、程序六个要件。

　　某种意义上来说，除了第三个要件内容相对宽泛外，其他要件都是很严谨的。并非许多学者所批评的 1985 年授权过于宽泛产生了许多后遗问题。而在当时那种情形之下，将内容条款设定为"有关经济体制改革和对外开放方面的问题"其实是一种无奈之举。全国人大常委会法工委原副主任张春生在接受《民主与法制时报》记者采访时，指出了这一现象在当时所具的合理性，"税制尚处改革过程中，倘若交由人大操作，没有这个能力，于是授权给了国务院。"同时他认为，"交给国务院具体规定，相当于给国务院一个'小授权'，使之边实践边积累经验，一旦办法成熟，再上升为法律；还有些时候，是因为法律急着要用，对某个具体问题又确实找

---

① 参见全国人民代表大会《关于授权国务院在经济体制改革和对外开放方面可以制定暂行的规定或者条例的决定》，1985 年 4 月 10 日第六届全国人民代表大会第三次会议通过。

② 参见时任全国人大常委会秘书长王汉斌（1985 年 4 月 10 日第六届全国人民代表大会第三次会议）的讲话："在同有关法律和全国人大常委会的有关决定的基本原则不相抵触的前提下，（国务院方能）制定暂行的规定或条例；如果同现行有关法律或者全国人大及其常委会的有关决定的基本原则相抵触，则必须由全国人大或者全国人大常委会决定。"《中华人民共和国第六届全国人民代表大会第三次会议文件汇编》，人民出版社 1985 年版，第 116—117 页。

不到其他妥善的、成熟的方案，于是采取了这个办法。"①

从王汉斌和张春生的谈话内容来分析，制度设计本身的初衷并无问题，1985 年立法授权从实体到程序都进行了制度设计，而且也明确指出这样的授权立法只能是暂时的，而不是长期存在的。当然，这个立法授权事实上成为全国人大制定《立法法》规定应该由国务院制定税收条例的法律依据。尤其是在 2000 年《立法法》通过之后，2009 年"1984 年税收立法授权"被废止，1985 年的立法授权就成为现行税收授权立法的唯一合法来源。尽管它与《立法法》相违背，但由于 1985 年立法授权也是由全国人大制定的，可以认为是全国人大为国务院开了立法的口子。

尽管有学者认为立法机关制定的规范性文件的效力低于法律法规，但并没有权威的正式依据来论证此观点。如黄金荣认为："狭义的'法律'在我国的法律体系中具有极高的法律地位，《立法法》已经对狭义'法律'规定了严格的法律程序，在这种情况下，就如同国务院不按《行政法规制定程序条例》制定的文件不能称为'行政法规'一样，凡是不符合《立法法》规定之程序制定的立法性文件都不应视为'法律'，而只能视为全国人大及其常委会制定的'规范性文件'，因此那些没有按照《立法法》要求经过国家主席签署主席令公布的立法性文件都只能称为'规范性文件'，而不能称为'法律'，它们无权规定《立法法》等属于'法律'保留的事项，除了法律有特别规定外，它们在效力等级上也应低于'法律'，而不能与之相冲突。"② 姑且黄金荣的观点并未成为法学界之通说，即便黄金荣的观点成立，而 1985 年全国人大对国务院的授权是在 2000 年《立法法》通过之前，因而 1985 年全国人大对国务院的授权与 2015 年《立法法》的法律效力之比较仍然无法确定。

正因如此，国务院财税主管部门把 1985 年全国人大对国务院的授权作为近期税率调整的法律依据确有其合理之处。那么在 2009 年"1984 年

---

① 参见刘炜：《授权国务院立法 28 年》，《民主与法制时报》2011 年 6 月 7 日。
② 黄金荣：《"规范性文件"的法律界定及其效力》，《法学》2014 年第 7 期。

税收立法授权"被废止之后，在 1985 年全国人大立法授权被废止之前，1985 年立法授权是中国正在进行的税制改革的形式的合法依据。

（二）1985 年全国人大立法授权的实质合法性：从增值税改革切入

要从实质意义上讨论探讨 1985 年全国人大立法授权的合法性问题，则不能不提及中国改革开放中的一种立法思路：立法试点。这种立法思路在改革开放 40 年中扮演着重要角色，在近年仍然十分流行。比较典型的就是增值税的立法试点、房产税的立法试点、资源税的立法试点等等。

而在这些立法试点中，增值税的立法试点是最值得深思的，因为过程最为复杂。国务院在获取 1984 年授权的当日便发布《增值税条例（草案）》，共试行了 10 年，直到 1994 年国务院制定的《增值税暂行条例》出台。旨在探索增值税从"生产型"转为"消费型"的试点又于 2004 年自东北地区开始，逐步推至中部地区，并最终在金融危机的压力下，于 2009 年推行了全国。此时将《增值税暂行条例》升格为法律的呼声亦不断高涨。只是提升增值税立法级次的努力尚未实现，新的试点又开始了，即从 2012 年开始，我国先在上海，继而又在北京等多个省市开始推行营业税改增值税的试点，该试点已成为整个"十二五"时期税制改革的重点。[1]

按照前述分析，从 1984 年以来增值税的立法历史来看，增值税立法一直处于变动之中。如果加上财政部和国家税务总局不断出台的拾遗补阙的增值税立法，那么增值税的立法的确是长期处于不稳定的状态。这实际上反映了在改革开放过程中，我国不断摸索与自身国情相互适应的税制的过程。结合中国社会本身所处于的这种高速的社会转型时期，就可以理解为什么我们一直采取立法试点的方式来进行增值税立法。试想如果 1984 年我们就直接由全国人大进行增值税立法，那么至少在 1994 年、2004 年、

---

[1] 参见张守文：《我国税收立法的"试点模式"——以增值税立法"试点"为例》，《法学》2013 年第 4 期。

2012 年我们要进行三次大的增值税法修改。这对于市场经济高速发展而立法力量相对薄弱的中国而言，首先意味着巨大的立法成本，其次是大量与法律变动相关的执法、宣传等等社会成本。

从税制改革的视角出发，我们大致寻找出税收授权立法的实质合法性。改革开放的不断推进需要与其配套的税制改革，而这种改革是前无古人后无来者的道路，因而改革试点就显得在所难免。在某种意义上，1985年全国人大授权是现行税制改革的重要依据，至少在被废止之前是如此。

三、税收授权立法存在的问题

目前的税收授权立法主要有以下几种形式。第一种是国务院为配合税制改革，依据 1985 年的立法授权所制定的十几个税收条例。比如 1993 年12 月 13 日中华人民共和国国务院令第 134 号发布的《中华人民共和国增值税暂行条例》。① 第二种是经国务院批准，国务院主管部门发布的调整相关税收政策的通知。比如财政部、国家税务总局、工业和信息化部《关于节约能源、使用新能源车船车船税优惠政策的通知》（财税〔2015〕51号文件）。② 第三种是国务院主管部门自行发布的调整税收政策的通知。比如《关于进一步提高成品油消费税的通知》（财税〔2014〕106 号文件）。③

首先，第一种税收授权立法是最符合 1985 年全国人大授权国务院时的预期的。它以国务院的名义发布，至少在形式上比较符合预期。即便如此，也存在一些问题。在出台依据上 1985 年授权明确要求国务院进行授权立法时应该以宪法为依据，这在各项暂行条例中基本上均未涉及。其次在时效上也存在问题。1985 年授权明确提出这些暂行条例应该是暂行，

---

① 参见 1993 年 12 月 13 日中华人民共和国国务院令第 134 号发布的《中华人民共和国增值税暂行条例》。

② 参见 2015 年 5 月 7 日财政部、国家税务总局、工业和信息化部《关于节约能源、使用新能源车船车船税优惠政策的通知》（财税〔2015〕51 号文件）。

③ 参见 2014 年 12 月 12 日财政部、国家税务总局《关于进一步提高成品油消费税的通知》（财税〔2014〕106 号文件）。

但这些税收暂行条例多数已经实施了二十多年，暂行是否有些过长？再者，1985年授权明确要求在条件成熟时应该由全国人大或全国人大常委会制定法律，但这些税收暂行条例实施多年进行修改时仍未由全国人大上升为法律。

其次，第二种税收授权立法除了第一种授权立法所存在的共通性问题外，还涉及授权立法主体转授权的问题。因为这种授权立法的发布主体实际上是国务院财税主管部门，并非国务院本身。"经国务院批准"的潜台词实际上意思是这种授权立法是经过国务院转授权的。从法理上讲，授权立法不能进行转授权。这一点在2015年修改的《中华人民共和国立法法》中得到了体现。《中华人民共和国立法法》第十二条明确规定："被授权机关应当严格按照授权决定行使被授予的权力。被授权机关不得将被授予的权力转授给其他机关。"① 所以第二种授权立法的合法性实际上是存在疑问的。

然后，第三种税收授权立法就是典型的违法行为。相比第二种授权立法，第三种授权立法可以说是公开违法。一是，国务院所属部门并非国务院本身，无法直接根据1985年立法授权进行立法，因而存在主体上的瑕疵。二是，即便是获得了国务院的同意或授权，必须以公开明确的方式体现在相关通知之中。三是，严格依照1985年授权，授权立法必须向全国人大或全国人大常委会备案。

再者，另一个关于授权立法的问题在于税收基本问题的内涵的确定。现行《立法法》第八条第六款明确规定："税种的设立、税率的确定和税收征收管理等税收基本制度，只能制定法律。"② 这次《立法法》修改特别增加了第六款，其意义主要是为了落实党的十八届三中全会提出的"税收法定原则"，但《立法法》修正案从二审稿中"税种、纳税人、征税对象、计税依据、税率和税收征收管理等税收基本制度"要制定法律，被简化为

---

① 参见《中华人民共和国立法法》第十二条。
② 参见《中华人民共和国立法法》第八条。

三审稿"税种的开征、停征和税收征收管理的基本制度"要制定法律，到最后修正案中"税种的设立、税率的确定和税收征收管理等税收基本制度，只能制定法律"。那么现实情况是前述第二、三种授权立法主要是针对征收对象、计税依据、税率进行调整，现在对税种和税率的问题进行了列举式规定，那么未被列举的"纳税人、征税对象、计税依据"如何解决呢？所以问题的关键在于税收基本制度除了这些列举的内容之外，还包括哪些内容呢？对于法律的解释权，《立法法》第四十五条明确规定属于全国人大常委会。所以全国人大切实履行自身的法律解释权也是非常关键的一步。

最后，法律明确之后的实施问题，根本上是国家治理能力的现代化问题。具体到税法领域，就是法律已经明确的东西，国务院部门不遵守怎么办的问题。比如在新的《立法法》通过之后的 2015 年 5 月 21 日，国务院关税税则委员会仍然对部分日用消费品的进口关税的税目和税率进行了调整，① 采用的就是第二种授权立法模式。对于中央政府部门甚至中央政府自身违法的行为，如何解决，将是考验全国人大及其常委会治理能力的风向标。

四、税收授权立法的走向

目前的税制改革中，税收授权立法构成整个税收法规体系的主体，要在 2020 年全面落实税收法定原则，建立现代财政制度，无法回避授权立法的问题。

2015 年 3 月 26 日经中央审议通过的《贯彻落实税收法定原则的实施意见》，对如何落实税收法定原则提出了具体措施。这个被媒体称为"落实税收法定原则路线图"的意见对于国务院根据 1985 年立法授权所进行

---

① 参见 2015 年 5 月 21 日《国务院关税税则委员会关于调整部分日用消费品进口关税的通知》（税委会〔2015〕6 号文件）。

的大量税收条例如何上升为法律，结合税制改革进行了稳妥计划，却忽视了还有诸如第二、三种不规范的授权立法如何解决的问题。尤其是第三种授权立法是明显的违法，从法理来讲是行政权对于立法专属权的僭越。那么按照三中全会决定和全国人大的路线图，待全部税收条例上升为法律或被废止后，提请全国人民代表大会废止全国人民代表大会《关于授权国务院在经济体制改革和对外开放方面可以制定暂行的规定或者条例的决定》。① 第一类授权立法自然会得到解决，第二类授权立法由于授权依据被废止，相应也会得到解决，但如何解决第三类授权立法才是解决行政机关立法的关键之所在。

在过去的 40 年里，中国处于高速的经济体制改革和对外改革开放之中，税制改革实际上是作为改革开放的配套设施而伴随其中，正是因为这一巨大的经济社会背景，1985 年全国人大对国务院的授权才有其合法性。在这个意义上，可以说改革是 1985 年授权立法和国务院及其所属行政部门不断制定税收条例和相关决定的合法性的源头。但是随着 2020 年现代财政制度的确立，税制的基本结构也应随之确立，1985 年全国人大对国务院的授权立法的合法性也将失去其生存的土壤，国务院所属行政部门也应顺应时代潮流，规范自身行为，不得僭越立法权，构成实质上违反宪法之行为。那么国务院行政部门自身制定的相关税收政策未来之走向，可以考虑如下路径：如果属《立法法》所明确规定属于全国人大专属立法权所规范的调整内容，则应请国务院提交全国人大常委会进行立法；如果不属《立法法》所明确规定属于全国人大专属立法权，则仍可制定相关税收政策；如确需随情势不断变更需要行政机关进行调整之内容，则应由全国人大或全国人大常委会根据《立法法》进行专属的立法授权，有明确期限，再由行政机关出台相关政策调整。

其次，可以考虑建立授权立法评估机制。为了根据授权立法的实施状

---

① 参见全国人大常委会法工委负责人就《贯彻落实税收法定原则的实施意见》答问，中国政府网，http://www.gov.cn/xinwen/2015-03/25/content_2838356.htm，最后访问时间：2015 年 6 月 22 日。

况及时制定和修改法律，就必须在建立健全规范性文件审查机制的整体设计中，统一建立授权立法后的评估机制，使得授权立法的备案制度、评估制度、裁决制度、撤销制度之间相互衔接，形成有效的监督机制，及时将填补型授权立法上升为法律，从变通型授权立法过渡到对法律的正式修改。[①]

---

① 参见尹德贵：《全面深化改革视野下的授权立法》，《学术交流》2015 年第 4 期。

第二部分
我国税收立法模式实证研究

第四章　税收立法"试点模式"案例研究 [①]

一、"试点模式"的发展历史——从我国增值税
　发展视角切入

"试点"二字在我国并不是一个陌生的词，一定程度上也可以说是中国特色。所谓"试点"，从语义上来说，是指在一项政策或者工作普遍展开之前，先选取一个相对较小的范围进行"试验"，取得成功经验并形成共识后，再推广普及。

自 1978 年改革开放以来，我国税收立法的调整可以说与整个改革的思路是一致的，即表现为"先行先试"，我们可以把这种税收立法模式简称为"试点模式"。例如，改革开放之初国务院所颁布的一些"试行"税收条例与草案，[②] 还有近几年所进行的增值税、房产税等税收领域的改革，都经历过"先行先试"的一般流程。

增值税的改革过程是税收"试点模式"中最具先创代表性的事例。在改革开放之初，由于部分税收条目存在重复征税问题，致使企业税负增加，影响了相关行业的健康发展。于是我国在 1979 年开始对商品货物等相关行业开征增值税的可行性进行探究，并选取了一批城市作为增值税改革的试点城市进行试验。其中第一批试点城市是在 1980 年选择的襄樊、柳州等城市，在这些试点城市中对机器机械和农业机具两个行业开征增值税。在这之后试点扩大到上海、长沙及西安等主要城市，征税范围增加了

---

① 本章的大量基础性文献收集整理工作由任卓硕士完成，特此表示感谢！

② 国务院于 1984 年 9 月 18 日，依据全国人大常委会的授权，发布了《产品税条例（草案）》《增值税条例（草案）》《盐税条例（草案）》等。

自行车、缝纫机、电风扇三种产品；1984 年，国务院颁布《中华人民共和国增值税条例（草案）》（以下简称《增值税条例（草案）》），财政部于同年也颁布了《中华人民共和国增值税实施细则》，这正式标志着"营改增"的"试点模式"正式推广到全国范围，我国增值税制度的雏形已经形成。这个过程也充分体现了税收"试点模式"的"先试先行""可行推广"的特点。此后，财政部于 1986 年、1987 年、1988 年三次扩大了增值税征收范围，同时在计税方法上进行了改革。①

在 1992 年我国确立社会主义市场经济后，针对整个国民经济范围内仍然存在一些重复征税的情况，国务院适时的于 1993 年 12 月 13 日发布《增值税暂行条例》，并于 1994 年 1 月 1 日起正式施行。对原有的增值税体系按照国际通行的"生产型增值税"的标准进行了全面而又彻底的规范，有效地避免了相关领域重复征税、交叉征税的问题，激发了社会主义市场经济的活力。②

生产型增值税虽然也是增值税的一种模式，但生产型增值税也存在一些弊端。如生产型增值税对固定资产的重复征税，不利于鼓励企业扩大投资，同时也造成出口产品的成本价格上涨，削弱了本国产品的国际竞争力。在中国加入 WTO 与社会主义市场经济不断发展的时代背景下，增值税改革的呼声越来越大。我们党和国家也顺应市场经济需求，在 2003 年党的十六届三中全会，通过了《中共中央关于完善社会主义市场经济体制若干问题的决定》，明确指出"生产型增值税由生产型改为消费型，将设备投资纳入增值税抵扣范围"。③ 由此，生产型增值税改消费型增值税转型改革正式启动。首先进行增值税二次转型改革"试点模式"的是东北地区，2004 年 7 月 1 日起，我国首先在东北地区实行增值税转型试点，这

---

① 财政部税务总局于 1986 年，发布《关于完善增值税征税办法的若干规定》；于 1987 年，发布《执行〈关于完善增值税征税办法的若干规定〉的几个问题的通知》；于 1988 年，发布《关于对农业机具及其零配件给予减税照顾的通知》。
② 参见曾靖：《增值税转型后企业税收筹划研究》，湖南大学 2010 年硕士学位论文。
③ 辛曌：《增值税：由生产型向消费型的转型》，《上海综合经济》2004 年第 9 期。

也是党中央为了振兴东北老工业基地所采取的重大举措。在此之后，增值税二次转型改革试点逐步推广开来，2007 年 7 月 1 日，财政部、国家税务总局出台《中部地区扩大增值税抵扣范围暂行办法》，正式把中部地区 26 个老工业基地城市的八大行业纳入扩大增值税抵扣范围的试点。2008 年 11 月 5 日，国务院第三十四次常务会议正式修订通过《中华人民共和国增值税暂行条例（修订草案）》，该条例并于 2009 年 1 月 1 日起施行，全国所有地区、行业都推行了增值税转型改革，标志着我国增值税转型改革真正实现了从"试点"到"普遍"的跳跃。①

但这个过程中税收"试点模式"始终以"暂行条例""规定""办法"等形式发布，使得增值税制度处于一种不断变化的状态中。与此同时，财政部、税务总局为了适应改革过程中遇到的新情况，制定发布了大量规范性文件，这就让《增值税暂行条例（修订草案）》的法理确定性更加模糊不定了。因此将《增值税暂行条例（修订草案）》等相关税收规范性文件上升为"法律"的争论不断。

通过以上对增值税转型改革"试点模式"的简要回顾，我们知道我国的税收立法"试点模式"实际上处于一种动态之中，这个状态的形成固然有许多原因。在客观层面，经济社会发展的动态性、多样性，要求税收立法具有适应时代变化的灵活性，要求税收立法适应市场经济的发展形势，客观上也不存在一种能囊括整个时代发展需求的完美的税收法律；在主观层面，立法者也不可能完美把握国家经济社会的发展现状和发展趋势，从而需要利用"试点"的方式来不断修正误差。但总的来说，税收立法模式的确定性是法律的稳定性与税收法定原则的题中之义，税收法律作为联动整个国民经济发展的重要一环，理应探索出最符合法律程序、最适合国民经济发展的立法模式。

2012 年开始，我国营业税改增值税的立法思路仍然沿用"试点模式"，

① 国务院于 2008 年 11 月召开常务会议，决定在全国范围实施增值税转型改革，审议并通过《中华人民共和国增值税暂行条例（修订草案）》《中华人民共和国消费税暂行条例（草案）》和《中华人民共和国营业税暂行条例（草案）》。

并率先在上海地区推行"营改增"的试点，然后扩大至北京、天津、武汉等多个大城市，且该"营改增"试点方案已经成为"十二五"时期整个税制改革的重要内容。税收立法"试点模式"究竟在合理性与合法性的冲突中应该如何权衡？税收"试点模式"的利弊体现在哪？对此，下文将以上海市"营改增"试点案例为例，进行进一步剖析探讨。

二、上海市"营改增"试点模式案例研究

（一）上海市的"营改增"历程

为了实现国民经济健康发展，鼓励产业创新升级，以实现充分就业，"营改增"模式的现代税收制度的建立势在必行，增值税替代营业税，有增值才征税，没增值不征税，将消除重复征税的弊端，有助于减轻企业税负。2011年11月16日，财政部和国家税务总局发布经国务院同意的《营业税改征增值税试点方案》，同时印发了《交通运输业和部分现代服务业营业税改征增值税试点实施办法》《交通运输业和部分现代服务业营业税改征增值税试点有关事项的规定》和《交通运输业和部分现代服务业营业税改征增值税试点过渡政策的规定》，明确提出从2012年1月1日起，在上海市交通运输业和部分现代服务业开展营业税改征增值税试点。①

上海市作为全国范围内新一轮"营改增"全面推开的首个试点，备受各方关注。上海市首先根据上述规范性文件在全市范围内"1+6"行业推行试点，其中"1"为陆路、水路、航空、管道运输在内的交通运输业，"6"包括研发、信息技术、文化创意、物流辅助、有形动产租赁、鉴证咨询等部分现代服务业。

从2012年初至2013年2月底，上海市共有16.4万户企业纳入了"营

---

① 参见财政部、国家税务总局：《关于全面推开营业税改征增值税试点的通知》（财税〔2016〕36号文件）。

改增"试点范围，上海区域内合计减税约 200 亿元。上海成功实现了"1+6"试点行业从原营业税税制向增值税税制的顺利转换，将增值税征收范围覆盖到了试点行业所有的货物和劳务。在此期间，北京市、天津市、江苏省、安徽省、浙江省（含宁波市）、福建省（含厦门市）、湖北省、广东省（含深圳市）也相继加入"营改增"试点。

2013 年 4 月 10 日国务院召开常务会议，会议决定自 2013 年 8 月 1 日起，将交通运输业和部分现代服务业"营改增"试点在全国范围内推开，适当扩大部分现代服务业范围，同时将广播影视作品的制作、播映、发行等纳入试点。[①] 我们可以看到，自 2012 年初"营改增"改革试点在上海率先推行，到 2012 年底扩至 12 个省市，再到 2013 年推向全国，并在征收范围上扩展到更多行业，这一改革进程之快超出预期，也说明了税收立法"试点模式"在"营改增"过程中的时效快、进展快、由点到面的特点。

2013 年 12 月 4 日国务院召开常务会议，决定从 2014 年 1 月 1 日起，将铁路运输和邮政服务业纳入营业税改征增值税试点，至此交通运输业已全部纳入"营改增"范围。2014 年 1 月，上海市根据会议精神，将 6 户铁路运输服务企业、9 户邮政企业、1809 户快递服务企业经确认后纳入试点范围，[②] 有效地减轻了当地交通运输业总体税负，促进了流通行业发展，便利了人民群众生活。

2014 年 4 月 30 日，经国务院批准，财政部和国家税务总局印发《关于将电信业纳入营业税改征增值税试点的通知》，明确从 2014 年 6 月 1 日起，将电信业纳入"营改增"试点范围，实行差异化税率，基础电信服务和增值电信服务分别适用 11% 和 6% 的税率，为境外单位提供电信业服务免征增值税。改革实施后，营业税制中的邮电通信业税目将相应停止执行，据上海税务部门估计，本次扩围将约有 560 户企业新纳入电信行业"营改增"试点范围。

---

① 参见财务部、国家税务总局发布《关于在全国开展交通运输业和部分现代服务业营业税改征增值税试点税收政策的通知》（财税〔2013〕37 号文件）。

② 上海税务微信公众号：《五年征程，"营改增"从上海试点走向全国》，2017 年 1 月 1 日。

2016 年 3 月 5 日，国务院总理李克强在政府工作报告中指出"全面实施营改增，计划从 5 月 1 日起，将试点范围扩大到建筑业、房地产业、金融业、生活服务业，并将所有企业新增不动产所含增值税纳入抵扣范围。"2016 年 3 月 18 日，国务院常务会议审议通过了全面推开"营改增"试点方案。至此，"营改增"试点在上海地区全面推开。

（二）从上海市"营改增"历程看税收立法"试点模式"的生命力

1. 税收立法"试点模式"可充分发挥试点对改革全局的带动作用。税收是国家财政收入的主要来源，起到了保持国家机器正常运转的重要作用。在社会主义中国，我们的税收制度坚持取之于民、用之于民，把税收广泛用于改善民生、发展经济、支持地区发展、加强社会治理和国防建设等领域。新中国成立以来，特别是经过改革开放 40 年的发展，我国逐步形成了具有中国特色的，适合中国国情的税收制度，其中税收立法"试点模式"就是我国税收立法制度的典例。试点的目的就是通过对局部地区或某些部门、领域的改革试验，总结成败得失，探索改革的实现路径和实现形式，为面上改革提供可复制可推广的经验做法。

我国现行的税收立法模式基本上是以"试点模式"为主线的，在税收实体法中，只有《中华人民共和国个人所得税法》《中华人民共和国企业所得税法》《中华人民共和国车船税法》三部实体法，而占税收整体收入的 70% 左右的其他税种则主要通过授权行政机关，让行政机关制定行政立法来实施。[①] 行政机关最常采取的税收立法方式，便是"试点模式"。国务院依据全国人大常委会的授权，根据复杂多变的经济形势、人民群众的及时需求，在不同时期全国不同范围内，制定发布了各种税收法规、规章、条例，这对填补我国改革开放初期税收立法空白、发展社会主义市场经济、保证国家财政稳定起到了积极作用。并且，税收立法"试点模式"有助于鼓励各个行政部门、各个地区解放思想、不断探索、大胆实践，形

---

① 参见胥力伟：《中国税收立法问题研究》，《首都经济贸易大学》2012 年第 3 期。

成可复制可推广的经验做法，带动面上改革。税收立法"试点模式"由国务院主导，在地区推行试点，进而为改革全局提供参照。我们可以看到在上海市推行"营改增"过程中，首先由财政部和国家税务总局发布经国务院同意的《营业税改征增值税试点方案》，这个具有法律效力的方案，就是我国税收立法"试点模式"开展的主要形式和合法性来源。随后，相关部门印发了具体实施办法、规定，鼓励上海市作为"营改增"试点城市，大胆闯、大胆试，上海市政府也顺应了经济社会发展的客观情况和国务院各部委的指示，在全市范围内"1+6"行业推行试点，极大地减轻了当地企业和群众的税收负担，释放了改革红利予社会，对全国范围内广泛开展"营改增"税制改革起到了先头兵的模范作用。这些都是税收立法"试点模式"体现出来的优势所在。

在税收立法"试点先行"的模式下，政府可以有针对性地布局试点，在试点取得良好成效后，发挥对全国税收体系改革的示范、突破、带动作用。此外，"试点模式"在我们党的大政方针贯彻过程中也扮演了举足轻重的角色。党的十八届三中全会以来，习近平总书记主持召开了35次中央全面深化改革领导小组会议，几乎每次会议都要审议通过一些领域、行业、部门的改革试点意见。从自贸试验区改革试点到司法领域改革试点，从国企改革试点到生态领域改革试点，从群团工作改革试点到国家监察体制改革试点，等等。实际上，税收立法"试点模式"也确实在我国税制改革过程中起到了带动全局的作用，上海市"营改增"试点很好地为各大城市起到了优秀表率作用，推进了"营改增"在全国范围的展开。2017年10月30日，国务院常务会议通过的《国务院关于废止〈中华人民共和国营业税暂行条例〉和修改〈中华人民共和国增值税暂行条例〉的决定（草案）》，决定全面取消营业税，标志着我国"营改增"改革进入了新时代，这也充分证明了税收立法"试点模式"在整个税制改革全局中所起到的至关重要的作用。

2. 税收立法"试点模式"更好地适应了经济社会的动态发展，具有创造性、灵活性、适时性的特点。通过对上海市"营改增"进程的简要回顾，我们可以发现，"试点模式"实际上处于一种自我发展、自我完善的状态中，可通过不断的"试错"来纠正自身，这也是"试点模式"所具有的弹性所在。

进入现代社会后，社会各个层面流动性不断加大，社会治理所涉及的治理领域愈来愈宽泛、复杂。这样一种动态的社会发展形势也在税收立法层面，要求立法机关及时、适时地颁布相关法律，以顺应时代的发展。因此，就需要由立法机关授权一部分税收立法权力，给予行政部门在法律范围内的税收立法权，以"试点模式"为代表的税收立法模式也应运而生。这样做的原因首先是因为立法机关在法律制定上的程序严格、耗费成本高所决定的。因为立法机关不可能在纷繁的经济社会中第一时间站出来解决紧急问题；其次是因为经济社会领域具有专业性。立法机关的议员相对于具体负责经济领域的行政官员、专家来说，专业程度不足，因此将一些具体税收领域的法律规制权，交由财税行政部门去做可以有效提高税收立法的专业化程度；另外，税收行政立法也能使税收立法更加符合国民经济发展的客观需要，有利于国家财政政策的展开实施，这也是税收立法"试点模式"存在的现实必要性。

我国的第一次授权立法是于 1984 年 9 月 18 日，全国人大常委会通过的《关于授权国务院改革工商税制发布有关税收条例草案试行的决定》；第二次授权立法是于 1985 年 4 月 10 日，全国人大常委会通过的《关于授权国务院在经济体制改革和对外开放方面可以制定暂行的规定或者条例的决定》；第三次授权立法是于 1993 年 12 月 29 日，全国人大常委会通过的《关于外商投资企业和外国企业适用增值税、消费税、营业税等税收暂行条例的决定》。① 根据以上三个法律文件，我国立法机关将部分税收立法权授予了国务院，并为税收立法"试点模式"建立了合法性基础。这种授权类型的"试点模式"更具创造性，使得税收立法可不再拘泥于过去的立法框架和立法经验，制定出符合最新客观经济形势的规范性法律文件。此

---

① 参见胥力伟：《中国税收立法问题研究》，《首都经济贸易大学》2012 年第 3 期。

外，地方行政部门也可由国务院再次授权，颁布符合地方自身地区特点的税收法律文件。

我们可以在上海市"营改增"案例中看到 2011 年底，国务院批复授权"上海市政府发布《营业税改征增值税试点》实施细则"，就赋予了上海市自主在总的《暂行条例》的前提下，制定《暂行条例实施细则》，从而更加细化、明确了"营改增"在上海市的具体计划、方法、步骤，推动了上海市增值税改革。通过这种授权立法，政府能在应对社会经济发展中的突发性问题时更加游刃有余。例如，在 2008 年金融危机中国务院适时利用宽松的财税政策及时稳定了我国的经济环境，进一步扩大了内需，促进了国内经济平稳较快发展。这就体现了授权立法的适时性。在授权立法框架内的"试点模式"也同样具有相同的优势。一方面，"试点模式"弥补了社会发展对立法紧迫性的缺口，缓解了立法机关的立法压力；另一方面，在"试点模式"的积极探索下，各试点推行地区为立法机关制定权威性法律积累了大量正反两面的经验，增加了立法机关的立法准确度。

3. 税收立法"试点模式"有利于解放思想，突破利益固化的藩篱。

税收制度是国计民生的重要一环，与千千万万户人民群众的生活息息相关。同时，税收制度也牵动着整个国民经济的健康发展。经济发展水平定税收水平，税收制度又反过来作用经济发展。根据社会契约理论，税收可以说是政府与纳税人之间形成的一种合意。但在现代社会，在市场经济的激烈竞争环境下，这种合意可能因为客观原因而退化成一种博弈。

首先，在市场经济发展壮大的过程中，在经济社会的各个领域，涌现出了林林总总的大小经济体，国家税收政策深刻地影响了这些不同领域、不同规模的经济体发展。在具有进取但又有淘汰的市场竞争机制下，一定时期之后在市场经济的相关领域中必然因淘汰结束、竞争机制的失灵，而出现利益固化的局面，即垄断局面，从而加大了利益集团形成的可能性。在利益集团的垄断局面形成之后，在相关市场领域，新兴企业很难融入与老牌大企业进行竞争，消费者们也更倾向信赖大品牌，但其实这是不利于市场经济的创新、创造、共赢精神的。那么这时政府出面，用税收调节或者税收改革的方式，在可能形成或已经形成利益固化的市场领域进行适当调控就尤为必要。例如鼓励新兴企业的成长，降低市场成熟的相关领域企业入市成本，等等。

不过改革总是伴随风险的，改革是规则的重新修改，也是利益获得的重新界定，必定会影响到一部分群体的利益，也可能会因为欠缺科学性而失败。在税收立法方面，用"试点模式"的方式在局部地区解放思想，大胆闯、大胆试，可有效减少税收改革风险，冲破利益藩篱。我们可以看到在我国的"营改增"过程中，企业的税负降低了，减税政策也让政府的财政收入受到了一定影响。但从长远角度看，一个制度不健全、竞争不公平、税负严苛的市场环境中，企业必然因缺乏经济活力和投资吸引力而难以发展壮大，从而更加降低了政府的财政收入。我国政府就很好地利用税收立法"试点模式"做到了解放思想、与时俱进。上海市利用"营改增"试点城市的天然优势，在总结好试点工作中正反两面的经验后，就为全国各地区发挥了"营改增"试点的示范、突破、带头作用。

三、税收立法"试点模式"的法理探究

（一）税收立法"试点模式"需要符合税收法定主义原则

税收立法权是一项极端重要的国家权力，任何轻微的变动都会影响到全体公民的切身利益，因此税收立法"试点模式"应当在宪法和法律中予以明确。但在我国现行的税收法律中，缺乏税收基本法，如"税法通则"，这就很大程度上造成了税收立法上更大的随意性。

如前所述，在税收实体法中我们只有三部实体法，其余占税收整体收入的 70% 左右的其他税种则主要通过授权行政机关来完成的。在上海市"营改增"试点的浪潮中，我们看到我国的税收制度改革一直都是以行政部门的"暂行条例""规定""办法""细则"为合法性依据，但这些具有

法律性质的规范性文件很难说是实然层面上的"法律"。

为了解决国务院进行税收立法的合法性问题，全国人大常委会通过授权立法，给予了国务院一些十分重要的立法权力。如 1984 年通过的《关于授权国务院改革工商税制发布有关税收条例草案试行的决定》。据此决定，国务院发布了具体增值税改革方案。但是根据我国现行《立法法》第八条规定，涉及税种的设立、税率的确定和税收征收管理等税收基本制度，必须制定法律，这就已经在法律层面上确立了税收法定原则。那么行政层面的税收立法是否与税收法定原则相冲突则有待论证。一般认为，税收立法"试点模式"所依据的是 1985 年全国人大常委会通过的《关于授权国务院在经济体制改革和对外开放方面可以制定暂行的规定或者条例的决定》，其核心内容是"全国人大授权国务院对于有关经济体制改革和对外开放方面的问题，必要时可以根据宪法，在同有关法律和全国人民代表大会及其常务委员会的有关决定的基本原则不相抵触的前提下，制定暂行的规定或者条例"。① 由此国务院开始在经济开放的各个方面推进了大张旗鼓的改革，增值税转型改革与"营改增"就属于我国整个税制改革的重头部分。

但我们看到，全国人大常委会对国务院的立法授权过于宽泛，缺乏明确性。所规定的"经济体制改革和对外开放的问题"，究竟包括哪些范围？当然税制改革是属于经济体制层面，也是对外开放问题上的重要环节；然而严格说来，立法机关的立法授权应当内容具体、范围明确、期限清楚，而不是模糊宽泛的，否则近乎把所有经济层面的立法权力都授予了行政部门。行政部门可以在经济层面的各个领域出台税制改革的规范性法律文件，也能随时在经济层面的各个领域废止已经出台的规范性法律文件，使国务院获得了极大的经济立法空间。税收立法"试点模式"就是以国务院为主导，在经济体制改革和对外开放过程中所推进的。

---

① 1985 年 4 月 10 日，第六届全国人民代表大会第三次会议通过《关于授权国务院在经济体制改革和对外开放方面可以制定暂行的规定或者条例的决定》。

　　当前，在我国增值税已经全面取代营业税的新的时代背景下，更应该提升税收法定原则的地位，规范税收立法模式。无论是国务院发布的关于增值税改革的转型试点，抑或是"营改增"试点，只要是此类税制改革立法层面的变动，其课税要素，如税目、税率、纳税范围等等，都必须提升至法律层面，否则将严重影响税收制度的稳定性。虽然税收立法需要根据实时变化的经济现状进行调整，但至少也要强调税收法律在保持稳定性的基础上来增进灵活，尤其是我国的增值税现今已是我国最大的税种，经过几十年的发展已经具备了相当成熟的经验，完全可以考虑从"试点模式"上升到国家法律层面。

（二）税收立法"试点模式"需要建立规范的法治监督机制

　　现阶段我国"试点模式"是以行政层面的税收立法为主干的。同立法机关的立法相比，行政立法范围虽然不如普通立法广泛，但立法程序相对简易，立法频率更为经常，法律条文更为具体，所以实际上对人民群众的调整作用也更为明显。因此，为了使税收立法"试点模式"步入规范化、法治化的轨道，避免"试点模式"可能有的纰漏和滥用，就必须建立健全相应的法治监督机制。

　　我国新修改的《立法法》第九十七条规定："全国人大常委会有权撤销与宪法和法律相抵触的行政法规、地方性法规、自治条例、单行条例。"[①] 这从法理上把税收立法"试点模式"的监督权力赋予全国人大常委会。但在实际操作中，全国人大常委会对类似于税收立法"试点模式"的法治监督却鲜有先例，我认为其中原因首先是我国的法治监督的法律条文过于宽泛、缺乏明确性。例如，《立法法》规定了全国人大常委会对行政立法的监督权，但"违反宪法和法律"的标准却没有规定，这就可能导致

---

① 2015 年 3 月 15 日，第十二届全国人民代表大会第三次会议通过全国人民代表大会关于修改《中华人民共和国立法法》的决定，第 20 号主席令公布，分为"总则""法律""行政法规""地方性法规、自治条例和单行条例、规章""适用与备案审查""附则"等 6 章，共计 105 条。

全国人大常委会对税收立法的监督虚化；另外，具体操作的正当法律程序也有待完善。相关法律规定了全国人大及其常委会对税收立法的监督权力，但《立法法》上并没有明确规定全国人民代表大会法律委员会、有关的专门委员会、常务委员会工作机构的人员组成的审查团体，具体审查程序、标准、依据如何，审查权力界限在哪，有无对此审查权力的救济途径，等等。这就可能导致监督权力的正当性大打折扣。

最后，在税收立法实践中，很少看到相关的税收立法监督部门行使自己的监督权力，这种局面形成的缘由是多方面的。我国是 13 多亿人口的大国，有 34 个一级行政区，334 个二级行政区。按照代议制原理，第十二届全国人大常委会的总人数共 175 人，等于说 1 个代表就代表了 700 万人民的立法监督意志。因此，面对大量的违反上位法的下位法，全国人大常委会的监督权缺乏现实基础。与税收立法"试点模式"相关的规范性法律文件也是下位法中的一个重要环节，而要通过单纯的逐一审查的方式，来审查浩如烟海的地方下位法是很困难的。所以，我们看到"试点模式"在上海、在全国各大城市推行的过程中，基本没有遇到任何法治上的监督阻碍，这就损害了税收立法"试点模式"的科学性。

（三）税收立法"试点模式"需要考虑对其他非试点城市的公平性问题

税收立法"试点模式"不仅要考虑合法性问题，其背后也隐藏着对其他非试点地区的公平性问题和法制统一问题。

我国的各类立法试点扮演着改革的先行排头兵角色。例如"营改增"的目的就是为了更好地适应市场经济体制，降低企业和人民群众的税收负担，解放和发展社会生产力，解决税收抵扣上的重复征税问题；我国的房产税改革试点的目的，则被认为是解决收入分配或房地产资源分配上的不公平问题，等等。但是这种试点只是在局部地区、局部领域、局部行业中推行，从而会与法治所要求的平等原则和普适性原则发生冲突，那么就损害了我国的国家法制统一原则，不利于地区间自由市场、公平贸易的发展,并加大了试点地区与非试点地区之间的发展差异。

比如,无论是"营改增",还是自由贸易区的建立,上海市始终保持着试点城市的优势地位,吸引了大量外来投资,激发了城市发展活力,城市化建设水平也因此受益,位居全国前列。在"试点模式"的框架下,我国的东部、中部、西部三级经济发展阶梯、城乡二元化结构更为突出,损害了立法公平、市场公平、税收公平。可由于客观原因,上述"试点模式"造成的公平性问题并未在制度中得到有效弥补。因此,在今后的税收法治建设过程中,无论是制定一部全国普遍适用的"税法通则",还是循序渐进地推行税收立法"试点",都应当注意法律推行贯彻过程中的公平原则。例如,从实质层面的角度来看,2011年11月16日财政部和国家税务总局发布的《营业税改征增值税试点方案》,就只将上海市列为试点城市,并且只在交通运输业和部分现代服务业开展营业税改征增值税试点,这就形成了与其他城市或行业的税收差异。虽然此后2012年国务院发布"营改增扩围试点"扩大至北京、天津、武汉等多个大城市,一定程度上增加了"试点模式"的普适性,减少了其他省市"不公平"感觉,但这并没有从根本上解决"试点模式"与法律普遍适用原则之间的冲突。

此外,税收立法"试点模式"也造成了不同类型纳税人的税负公平问题。以增值税为例,增值税的征税范围广,纳税人也千差万别,但增值税的主要征税对象是不同类别商品货物,增值税并不像"对人税"那样更强调纳税主体之间的公平性。因此,"营改增"试点不可能解决征税对象的不同而产生的公平性问题。可以看到,税收立法"试点模式"会涉及诸多公平与法治问题。其中包括不公平问题与市场经济所要求的自由、公平的竞争环境之间的矛盾,以及试点地区的特殊法制与国家法制统一原则所要求的法治统一和税制统一之间的矛盾,等等。

当然,我们看到税收立法"试点模式"从上海市单独的一个点,推向了全国各个大城市,又适用扩展至中部地区,进而到废除"营业税",全面在全国范围实行"增值税",意味着现在已经解决了"试点模式"的公平性问题。但在"试点模式"几十年的发展过程中,"公平性"问题始终伴随着"试点模式"的出生至收尾，这不得不成为税收立法"试点模式"应当考虑的基本法理问题。

四、结语

本文提出了税收立法"试点模式"重要概念，就有关税收立法的现实和理论问题进行了分析和探讨。通过对"营改增"税收立法"试点模式"的历史沿革分析，我们明晰了"试点模式"的来龙去脉。在理性分析上海市"营改增"试点案例的过程中，进一步厘清了税收立法"试点模式"的优势所在，并论述了税收立法"试点模式"的法理性疑问。

在党的十九大胜利召开，全面建设社会主义法治国家的背景下，将税收法治原则深入贯彻到税收立法方方面面的紧迫性不断突显。税收立法"试点模式"是我国税收立法的开创之举，实现了特殊与普遍相结合，激发了地区经济发展潜力。然而税收立法"试点模式"也应当进一步完善发展，解决稳定性、公平性法理疑问，建立健全试点立法监督机制。以期形成科学、法治、稳定合理的税收立法系统，为依法治国、依法治税，全面建成小康社会，实现中华民族伟大复兴的中国梦提供法律保障。

第五章 税收立法"集权模式"案例研究[①]

一、新中国税收立法体制的历史发展沿革

"集权"（Centralization）就是集中权力，与"分权"一词相对，是指决策权在组织系统中较高层次的一定程度的集中。税收立法"集权模式"简单来说就是将税收立法权集中在中央，限制地方的税收立法权；其特点是税收立法权高度集中在中央政府，地方政府或者成员政府没有开征新税种的权力，只有部分税种的征收权。自新中国成立以来，我国税收立法体制经历了由分权到集权的过程。

新中国成立初期，政务院根据《共同纲领》第四十条"国家的税收政策，应以保障革命战争的供给，照顾生产的恢复和发展及国家建设的需要为原则，简化税制，实行合理负担"制定了《中国税政实施要则》（以下简称《要则》），并于 1950 年 1 月颁布。《要则》规定："①全国性的税收条例法令，均由中央人民政府政务院统一制定颁布实施；②全国性之各种税收条例之施行细则，由中央税务机关统一制定，经财政部批准施行；③有关地方性税收之立法属于县范围者得由，县人民政府拟议报请省人民政府核转大行政区人民政府或军政委员会批准，并报中央备案，属于省（市）范围者，得由省（市）人民政府拟议报请大行政区人民政府或军政委员会转中央批准"[②]。以上三点可以看出，《要则》规定除了县级地方政府的税收立法，其他的税收立法都必须经过中央批准。这似乎表明了我国高度集权的

---

① 本章的大量基础性文献收集整理工作由邓华晖硕士完成，特此表示感谢！

② 参见 1950 年 1 月 30 日政务院颁布的《中国税政实施要则》。

税收立法体制在新中国成立初期已经存在了，然而事实上并非如此。相比于现在税收立法权完全集中在中央，《要则》规定县级政府享有不受中央直接控制的税收立法权，说明了当时并未确立真正的税收立法集权体制。此外，由于中央政府在1949年刚刚成立，国内外局势不稳定，国家仍处于紧急状况，使中央政府迫不得已将大部分的税收立法权、税收分配集中在中央。直到第一个五年计划完成后，中央对国内外局势有所控制，就开始进行税收立法分权。

第一个五年计划完成后，全国人大和国务院重新审视了当时的税收管理体制并最终达成了共识。为了调动地方的积极性、更好地进行税收管理工作、促进经济发展，国务院在1958年颁布了《国务院关于改进税收管理体制的规定》，对当时的国家税收管理体制进行了适当的调整和改进。《国务院关于改进税收管理体制的规定》规定："凡是可以由省、自治区、直辖市负责管理的税收，应当交给省、自治区、直辖市管理；若干仍然由中央管理的税收，在一定的范围内，给省、自治区、直辖市以机动调整的权限；并且允许省、自治区、直辖市制定税收办法，开征地区性的税收"。① 国务院这一规定将大部分税收立法权下放到了省级政府，让省政府拥有了最大限度的税收立法权。这是我国在税收领域的一次大规模分权，所以说，1950年《要则》的颁布并没有形成真正的税收立法集权体制。虽然此后国务院有一些再次集权的尝试，但这些尝试都远不及1977年颁布的《财政部关于税收管理体制的规定》（以下简称《规定》）影响深远。

受到"文化大革命"的影响，在1969年到1977年《规定》颁布的这段时期里，中国的税收管理处于高度分权的状态，大多数省级政府只需向中央上缴一定额度的税收，剩余的税收由省级政府自由安排；同时，省级政府被授权制定税收政策，拥有高度的税收自治权。而1977年《规定》颁布后，这种高度分权状态不复存在。1977年财政部颁布了《规定》，其中规定了：①"凡属国家税收政策的改变，税法的颁布和实施，税种的开

---

① 　参见1958年6月9日国务院颁布的《国务院关于改进税收管理体制的规定》。

征和停征，税目的增减和税率的调整，都由国务院统一规定"；②需要报财部批准的情况主要包括：在全省、自治区、直辖市范围内停（免）征或者开征某一种税，对某种应税产品或者某个行业进行减税、免税，对工商税中卷烟、酒、糖手表四种产品进行减税、免税，对盐税税额的调整，有关涉及外交关系和对外商征税（包括边境地区小额贸易）的问题等；③授权省级革命委员会在具体规定的各种情况下批准税收的减免，以解决特定纳税人的特殊需要。① 此外，"以上各项权限，省、自治区、市一般不要层层下放……除上述规定外，任何地方、部门和单位，都无权自行决定减税、免税，或者下达同税法相抵触的文件"。② 以上内容可以看出，《规定》将以前下放至省政府的大部分税收立法权收归中央，除某些特殊情况外，一律由全国人大或国务院行使税收立法权。即使省政府要开征、停征、免征某些税种，也需要经过财政部的批准。此外，对于上述税种的规则制定，省、市、自治区不能层层下放，也就是说，1950 年《要则》所规定的"县级政府拥有不受中央直接控制的税收立法权"这一情况已不复存在；省级政府是行使税收立法权的最低级别机构，并且必须经过中央批准才能行使税收立法权。因此，《规定》的颁布标志着中国税收立法集权的开始，在此之后，集中的程度越来越高。

1977 年后，中央政府日益强调加强税收立法集权。1992 年 9 月 4 日第七届全国人民代表大会常务委员会第二十七次会议通过了《税收征管法》。《税收征管法》规定："税收的开征、停征以及减税、免税、退税、补税，依照法律的规定执行；法律授权国务院规定的，依照国务院制定的行政法规的规定执行。"③ 也就是说，税收的征管必须依照法律或法律授权国务院制定的行政法规，这一规定为 1993 年颁布的《国务院关于实行分税制财政管理体制的决定》提供了法律依据。

---

① 参见 1977 年 11 月 13 日国务院财政部颁布的《财政部关于税收管理体制的规定》。
② 参见 1977 年 11 月 13 日国务院财政部颁布的《财政部关于税收管理体制的规定》。
③ 参见 1992 年 9 月 4 日第七届全国人民代表大会常务委员会第二十七次会议通过的《税收征管法》。

随着市场在资源配置中的作用不断扩大,1993 年之前实行的财政包干制度已然不能适应社会主义市场经济的发展。其弊端主要表现在:①税收调节功能弱化,影响统一市场的形成和产业结构优化;②国家财力偏于分散,制约财政收入合理增长,特别是中央财政收入比重不断下降,弱化了中央政府的宏观调控能力。为此,国务院在 1993 年颁布了《国务院关于实行分税制财政管理体制的决定》(以下简称《分税制决定》),对各省、自治区、直辖市以及计划单列市实行分税制财政管理体制。《分税制决定》的主要内容是:①重整税收结构,取消一些不合理的税种(如产品税),代之以较符合市场化改革的税种;②重新划分中央税、地方税、中央地方共享税,使中央取得更大的财源;③为了保护个别省(市)的既得利益,中央设计了一套税收返还制度。[①] 理论上说,省级政府必须获得中央的特别授权才能制定相应的税收政策,但是分税制改革前,地方政府对某些"困难"企业以"先征后返"的形式行税收减免之实,这就违背了上述的规定。因此,中央认为"先征后返"应当予以制止。分税制改革后省级政府不再拥有对"困难"企业进行税收减免的权力,这是税收立法进一步集权的表现。1994 年分税制改革后,我国税收立法集权仍然在不断强化。

通过上述发展历程,不难发现我们国家的税收立法体制总体上是由分权到集权的一个过程,形成了具有中国特色的税收立法集权模式。我国社会主义市场经济在不断地发展,客观上要求一套与之相适应的税收立法体制,一旦税收立法不能适应经济的发展,就会起阻碍作用。然而,只要是法律都会有相对滞后性,立法者不可能准确地预知未来经济发展态势并制定出完美的税收立法。因此,我们要根据税收法定原则,通过对税收立法体制改革,探寻符合我国社会经济发展的税收立法模式。我国现行的税收立法模式是集权模式,其究竟是否符合社会经济的发展?其中存在着哪些

[①] 参见 1993 年 12 月 15 日国务院颁布的《国务院关于实行分税制财政管理体制的决定》。

问题？如何解决这些问题？这些都是需要我们深入探究的。为此，下文将以个人所得税法为例，分析其立法演进过程，探讨税收立法集权模式在实践中产生的问题和得出的经验，进而找出上述问题的答案。

二、税收立法集权模式案例研究——以《个人所得税法》为例

在现代国家的税收体系中，个人所得税不仅是国家财政收入的主要来源，也是国家调节收入进行二次分配、促进公平正义的重要一环。个人所得税普遍采取综合所得税制，即将纳税人的各种收入汇总计税，并将其家庭生计等因素纳入考量范围，根据情况进行税收减免。在上述前提下，采用累进税率，高收入者多缴税、低收入者少缴或不缴税，从而调节国民收入。随着社会经济的发展，个人所得税能够给国家财政带来大幅收入、提高国家宏观调控能力，同时也能对社会成员的收入分配进行有效的调节，是各国普遍重视的政策工具。然而，我国《个人所得税法》的实践效果却不太乐观，尚未能很好地促进公平、调节社会成员的收入。究其原因，主要有以下三点：①实行分类所得税制而不是在综合纳税人各方面的收入和情况基础上适用税率进行征税，出现不同所得之间的税负不公，更会给纳税人提供避税空间；②税率结构不合理，工资薪金所得适用的累进税率比生产经营所得适用的税率高，甚至有时会高于资本所得适用的税率，出现收入普遍较低的工薪阶层却承担着较高税率这种不合理的情况；③税收征管能力欠缺，工薪阶层劳动所得收入税费一般实行代扣代缴，征管容易；而高收入者的收入多为资本所得，其收入渠道繁杂而隐蔽，相比于劳动所得税收的征管更为困难，偷税、逃税较为严重。

我国税收立法在1977年《规定》颁布后开始集权，而1980年《中华人民共和国个人所得税法》是中央采取高度集权的方式所制定，可以说是税收立法集权模式的一个典型案例。我们可以通过对个人所得税的立法演进过程和影响，探究集权模式存在的问题和解决方法。

（一）1980 年《个人所得税法》立法背景

党的十一届三中全会以后，改革开放成为我国基本国策。对外开放政策的实施，促进我国经济迅速融入国际大环境之中。随着中外经济、技术、文化、交流不断扩大，在中国工作、提供劳务并取得各种收入的外籍人员日渐增多。外籍人员来华工作及提供劳务取得的收入较高，个人所得都超过本国（派遣国）纳税条件，而我国当时还没有颁布《个人所得税法》，所以外籍人员取得个人收入后，只需要回到原籍地补交个人所得税即可，导致国内资金外流。

在此背景下，我国在 1980 年 9 月 10 出台了第一部《个人所得税法》，对月工资、薪金所得 800 元以上的收入者征税。这是国内极少数高收入者和外籍在华的工作人员才能达到的起征点。[①] 据国家统计局统计公报表明，我国 1980 年全国职工平均年货币工资为 762 元，月平均工资为 63.5 元，个人所得税的起征点是全国职工平均工资的 12.6 倍。所以这部法律颁布的目的在于向外籍来华工作人员征税，基本上是不适用于中国公民的，因为当时除了极少数人外，中国公民的薪资一般达不到 800 元的起征点。

（二）《个人所得税法》演进过程及其影响

我国个人所得税主体法律基础由个人所得税法、个人所得税法实施条例、税收征管法以及中国各级税务机关发布的有关个人所得税征管的规定构成。从 1980 年《个人所得税法》颁布至 1993 年分税制改革的阶段是中国个人所得税立法从无到有的一个时期；1993 年到 2012 年期间，《个人所得税法》经历了六次修改，其中 1993 年的三税合一立法、2005 年听证立法、2011 年的征求意见立法为三个重大立法事件，它们在个人所得税的立法演进过程中有着特殊的意义。

---

① 参见 1980 年 9 月 10 日第五届全国人民代表大会第三次会议通过的《中华人民共和国个人所得税法》。

1. 1980—1993 年阶段立法

在这一阶段，相关国家机构共通过了八十九部法律法规及其他法律规范，其中，基本法律只有两部即由全国人大常委会立法通过的实体性法律《中华人民共和国个人所得税法》和程序性法律《中华人民共和国税收征收管理法》，根据法律效力级次的划分，这两部法律的效力最高。属于国务院通过的行政法规有五部，这五部法律规定的内容主要是对个体工商户、私营业主进行个税调节的规定。其余均是财政部或税务总局通过的部门规章、决定和命令，其内容主要针对在实施个人所得税征收过程中出现的具体提案的具体规定，或相关实施细则。

受集权模式影响，这一阶段的个税的立法权限主要集中于中央一级，很少有涉及地方一级的，尤其是关于 1980 年的个人所得税和 1986 的个人调节税。此间，虽有一些地方公布的规章制度或实施细则中有涉及 1980 年个人所得税的内容，如《北京市外国建筑企业承包建设工程税收管理暂行办法》，但也只是属于转发中央立法的精神或相关内容，而不属于真正意义上的立法活动。

具体来说，从 1980 年至 1993 年间，中国对个人所得税的基本立法有三部：1980 年《个人所得税法》、1986 年《城乡个体工商业户所得税暂行条例》、1986 年《个人收入调节税暂行条例》，三个税种的名称亦可相应称为"个人所得税""个体户所得税""个人调节税"，通称"三驾马车"，当然，三大税种在性质上都属于个人所得税。

（1）1980 年个人所得税立法理念及影响

1980 年个人所得税的立法理念，从公平和效率的角度而言，它选择了遵循效率而忽视公平。因为形似公平的纳税人范围实际上只包括了"薪资 800 元以上"外籍人员，与其说是为了维护国家权益，倒不如说是对公平的背离。因为发展到 20 世纪 80 年代，个税设置的理论已经从当初筹集财政的初始目的发展到均衡贫富差别、公平纳税，亦即个税已烙印上"公平"二字。既然 1980 年个人所得税初始立法时内外有别，主要针对外国人，那么就必然引起第二部、第三部针对国内人员所设计的个人所得税法，即 1986 年的《城乡个体工商业户所得税暂行条例》和《个人收入调节税暂行条例》。假设当初的个税立法是针对所有的纳税人，也就不会有后面两部法律的出台。因此，1980 年初始个税立法时的理念影响是深远的。

（2）1986 年个体户所得税立法理念及影响

1978 年实行改革开放后，中国的个体户经济有了长足的发展，在所有经济成分角逐中，个体经济逐渐成为中国经济体系中的一种重要成分。作为经济改革中一个重要的生力军，个体工商户成为八十年代人们搞活经济的一个象征性的标志。个体工商户的迅速发展，使得许多个体工商户在改革的浪潮中得到了第一桶金，当时的"万元户"所指向的群体多为个体工商户，这些"万元户"相对于其他人来说是一个高收入群体。为了适当调整和引导个体工商业户的健康发展，也为了对个体经济发展中所体现的不太协调的分配关系进行调整，国家便对个体户中的高收入群体课以一定的税收，以调节财富失衡与不协调的状态。因此在 1986 年 1 月 7 日，国务院发布了《中华人民共和国城乡个体工商业户所得税暂行条例》。

个体户所得税沿袭了 1980 年个税所得税的立法理念，同样受制于《个人所得税法》对征税对象的狭窄划定。从某种意义上说，个体户所得税是一种衍生产品。个体户所得税是为了征收某一特定群体而单设的一部个税法规，其立法目的是单一的。连同 1980 年个人所得税立法理念的局限性，个体户所得税也不能跳出其历史的局限性。且不论法律规定的内容是否适合时宜，是否经得起个税公平的考量，该法规都只是一部权宜之计的立法，它造成了理应整合于一部完整个税法的多头管理局面。从立法技术而言，它只是起到了拾遗补阙的作用，并未造就法制统一局面的形成。正是因为有这样的局面，也才促成了 1993 年个税法的整合与统一。

（3）1986 年个人调节税立法理念及影响

随着改革开放的不断深入，社会成员间的收入水平开始逐步拉开，收入差距扩大。而这种扩大的集中表现就是不同行业、不同部门以及不同阶层收入的差距过分悬殊，社会公平得不到保障，这严重挫伤了广大干部职工的积极性，由此引发"社会收入分配不公"的问题。因此，为了解决分配不公的问题，国务院在 1986 年颁布了《个人收入调节税暂行条例》。在这个大前提下，个人调节税的初始立法目的自然而然地刻印了"用经济和法律手段调节社会成员收入悬殊的矛盾，力争社会公平分配"。

个人调节税的立法背景直接决定了其立法目的主要是为了调节收入水平的差异，这一立法目的产生了非常重大的影响。严格意义而言，个人调节税的立法更符合促进公平的初衷，因为个人所得税天然地倾向于调节贫富差异，而非单纯只是实现筹集国家财政的目的。两相比较，1980 年《个人所得税法》和 1986 年《个体户所得税条例》，因为其特殊的立法目的和历史局限性，纳税人实际只针对外籍人员和个体工商户，这种限定主体的做法不符合促进公平这一初衷。个人调节税并没有将纳税人范围限定为某种特定的主体，其所针对的纳税人范围是普遍和广泛的，具有抽象意义的一般性。1993 年统一个税法中关于调节贫富差异、纳税群体的普遍性等立法理念是直接承接 1986 年个人调节税的。换言之，如果追溯关于调节贫富差异的个税目的来源，1986 年的《个人收入调节税暂行条例》可称得上中国个税立法史上的率先典范。

2. 1993—2012 年阶段立法

1993—2012 年的 20 年时间里，中国个税立法进行了整体性的改革，1993 年新个税法整合了 80 年代创设的个人所得税、个人调节税、个体户所得税，将三税合一为个人所得税。从 1994 年开始，个税的立法进入了税法解释、制度完善的时代。截止到 2012 年 12 月，20 年里，中国通过关于个税的法律、法规、规章、决定的各类法律规范共计 412 部。在 412 部法律规范中，基本法律 2 部、行政法规 3 部、部门规章或决定 407 部。全国人大通过的两部法律，不是创设性的初始立法，而是法律的修订，一是《个人所得税法》，二是《税收征收管理法》。《个人所得税法》历经六次修改，最新版本是 2011 年修改的。1993 年《个人所得税法》将 80 年代确立的三大个税合并为统一个人所得税，以后历次个税法的修改都是关于税率、税级、税基范围、征管制度方面的修订，其中最主要的修订是关于费用扣除标准的调整，有 4 次的修订直接涉及了个税的费用扣除额。在集权模式下，个税作为全国统一的税种，中央立法占据主导和决定性的地位，绝大部分地方立法都是根据中央一级的立法而制订的具体执行措施，没有任何一部地方立法是创设性的立法，尤其是关于税率、税基范围。地方政府制定的各种具体执行措施都是根据中央的立法精神制定，在范围上没有超出立法权限所设置的限定。

具体来说，1993—2012 年的 20 年间，个人所得税在全国人大层级的立法共经历六个阶段，其中 1993 年的三税合一立法、2005 年听证立法、2011 年的征求意见立法为三个重大立法事件，它们在个人所得税的立法演进中有着特殊的意义。

（1）1993 年三税合一立法

党的十四大提出了在中国建立社会主义市场经济体制的改革决定，反映于税制改革上就是 1994 年分税制改革，而三税合一就是 1994 年分税制整体改革的有机组成部分。

分税制改革前，1980 年个人所得税、1986 年个体户所得税和 1986 年个人调节税是为应急之需而设，立法更多的是服从于制度的强制性变迁而非诱致性的变迁，主要目的分别是适应对外开放、引导个体经济迅速发展、调控不断扩大的居民收入。三大个税的设置实则是权宜之策，在理论上必然缺乏严格而缜密的论证；表现在实践层面上就是无序的状态，如：征税对象的混乱不一、税基范围的相互重叠降低了整个税收的效率；纳税人制度的内外有别、费用扣除制度的差别对待则将整个税收的公平因子丢失殆尽。因此，在 1993 年《个人所得税法》的立法修改中，将个人所得税、个人调节税、个体户所得税合并为个人所得税。其主要内容体现在五大方面：①统一纳税人制度，采用居民标准规定纳税人范围；②调整个税的税基范围，增加了五类应税项目（个体户所得、稿酬所得、承包承租所得、偶然所得、财产转让所得）；③调整免税项目，增加一项免税项目（将符合规定的"补贴、津贴"列为新增免税项目）；④调整税率；⑤统一费用扣除标准。

三税合一的改革既源于个税公平的内生要求，也迫于征管效率的现实之需。在公平层面，自1980年实行个税制度以来，三大个税制度本身最大的非公平因素体现在纳税主体的内外区别对待，体现在分类税制模式下公平因子的天然失衡，体现在费用扣除制度上的彼此不一。种种非公平因素已然经不起深层的理论的推导，则唯有进行税种的合并与调整才能从根本上剔除这些非公平因素。在效率层面，三大个税相继开征的12年里，国家共计征收只有117.72亿元，其中个人所得税28.01亿元，个人调节税30.08亿元，个体户所得税59.64亿元。显然，在这12年间，每年征收不到10亿元，这不仅没有达到充实国家财政的目的，也没有达到刺激经济增长的效率目标。因此，不管是基于公平还是效率，个税制度的路径选择都到了必须进行自我完善或彻底改革的时候。个税法利用分税制改革背景，将三大个税整合成一，这既是对前面立法理念的承继，也是以后立法发展的良好开端。三税合一的改革标志着中国的个人所得税制度朝着法制化、科学化和规范化的方向迈出了关键的一步，对于促进中国的改革开放、经济发展、平衡收入分配以及维护国家权益具有重大现实和历史意义，并为以后的个人所得税制度改革奠定了重要基础。

（2）2005年听证立法

1994年新《个人所得税法》实施以后，800元费用扣除标准在12年间未有任何变化，这与经济发展、物价攀升等整体经济形势格格不入。为顺应这些趋势，2005年8月起，第十届全国人大着手修订个人所得税法。其修订的主要内容是调整个税的费用扣除额标准。2005年的个人所得税法修订与以往修订不同，这次修订举行了立法听证会，这也是2000年《立法法》施行后，中国在立法上第一次采用立法听证制度，这次的立法听证具有标杆式的历史意义。

2005年10月27日，在全面吸收听证会代表意见后，第十届全国人大常委会通过了《关于修改〈中华人民共和国个人所得税法〉的决定》，这是个人所得税法的第三次修正。此次修订涉及两项内容，一是将工薪的费用扣除标准从 800 元翻倍提高至 1600 元，二是原则性地规定高收入者应办理纳税申报。费用扣除标准的提高更改了 800 元标准 12 年不变的历史，适应了社会经济发展状况；而原则性地规定高收入群体的纳税申报义务则直接促成了税务总局关于年收入 12 万元以上者纳税申报办法的出台，完善了个税的征管制度。

　　2005 年个税修订的听证立法使"民主税政"初露曙光，而其意义也远远超过个人所得税调整本身，成为立法民主化的标志性事件。从公平与效率的角度看，任何一部法律的听证都将会付出相应的成本，甚至也有可能在一定程度上降低立法的效率，但相对于听证会所彰显的平等参与立法价值而言，成本的付出和效率的欠缺都是微不足道的代价。从本质上，立法听证制度可以使立法机构在充分听取各种利益代表的诉求后，客观而公正地将各方利益纳入立法评价的基础，从而使立法质量获得根本性的提高并最终实现立法上的公平。除此之外，在中国语境下，立法听证任何时候都会具有推动公众理解、支持、参与立法的多重功能。因此，促进国家机构在制定税收政策时，既要考虑国家财政目标，又要顾及民生问题，如果能够通过立法听证的渠道对此予以阐释说明，就会使民众更容易理解与遵从法律。从听证立法的后续影响来看，2005 年个人所得税改革的过程是一次协商民主的实践，是"协商民主"在中国立法的首次成功运用。鉴于协商民主的理论优势和实践意义，2005 年的听证立法对 2011 年个税修改时的征求意见立法有着直接的示范和先导作用。

　　（3）2011 年的征求意见立法

　　2011 年 4 月 25 日至 5 月 31 日，全国人大常委会通过中国人大网向社会公开征求对《中华人民共和国个人所得税法修正案（草案）》的意见。这是个人所得税立法史上第一次通过网络向社会公众征求意见，也是新中国立法史上第一次通过网络向社会公开征求意见，此次立法修改同样具有重大的意义。

　　2011 年个人所得税修改有三项内容：一是调整工薪所得的费用扣除标准，将 2000 元标准提高至 3500 元。该标准的提高与社会普遍呼吁的

5000 元标准尚有一定的差距。二是调整了工薪所得的税率级次，将原来的九级减为七级，取消了 15% 和 40% 两个级次。三是调整了个体工商户所得、企业承包承租所得的税率级距，最低一级级距调整为 15000 元。

自从 1954 年第一次公布宪法草案以来，中国共有 13 部法律草案向全社会公布并征求意见。2011 年个税的公开征求意见立法，并不是开创历史之先河，而是延续了立法公开征求意见制度的传统。虽然 2011 年个税的公开征求意见不是立法先例，但此次公开征求意见也占据了特殊的历史地位。自从中国人大网公开征求意见系统启动以来，收到意见 23 万多条，这创造了中国人大立法史上单项立法意见数之最。根据立法传统所进行的个税公开征求意见立法，固然是民主立法、科学立法指导下的一项重大举措，同时也是"以人为本、关心人民群众切身利益的具体体现，是国家民主政治生活的一大进步，有利于调动广大群众参与社会管理的积极性"。对个税改革而言，其还具有特殊的立法意义。其立法意义体现在税收法制观念的形成、个税自我申报意识的普及、税收文化的形成上；体现在国家利益和个人利益深层博弈时的理性评判和路径抉择上；还体现在协商立法制度的示范效应上。

三、集权模式存在的问题及解决建议

在我国税收立法集权模式下，立法权限主要集中于中央。只有中央颁布的法律才具备权威性和可执行性，而任何一部脱离中央立法的地方立法不具备权威性和可执行性。20 年来，仅从数量上看，中央级别的四百多部法律法规少于地方人大或政府制定的各种具体实施措施，但从实质内容分析，没有一部地方立法超出中央立法所设定的权限或范围。然而，个税是一个地方税种，中国有 32 个省、自治区、直辖市，各地方实际情况千差万别；按照集权模式下中央统一制定的个人所得税法律与各地的差异性形成了天然的矛盾。因此，接下来要从个人所得税立法中对税收立法集权模式存在的问题进行探讨。

（一）集权模式存在的问题

新中国成立以来，中央和地方的税收立法分权几经变革，但最终还是向集权发展。现行税收立法权高度集中于中央，实行税收立法集权模式。在集权模式下，我国税收立法纵向分权存在以下问题。

1. 税收立法纵向分权缺乏稳定规则

在税收高度法治国家，税收立法权的划分皆有宪法或税收基本文件做出明确规定。然而，我国《宪法》《立法法》中对立法权划分的规定过于原则、笼统，操作性较差。尽管《税收征管法》对《立法法》的"税收基本事项"做了补充规定，但具体的地方税收立法权却散落于各个单行法律、法规中，划分内容散乱，缺乏一以贯之的指导思想，税收立法权归属处于经常变动之中，缺乏明确的划分原则和稳定机制。

2. 税收立法纵向分权不合理

一方面，税收立法权高度集中于中央。从现有法律规定来看，税收立法权过于集中于中央，所有税法都由中央制定和办法，地方仅拥有少量辅助税收立法权和试点税收立法权。在这种情况下，地方财政收入缺乏弹性，在地方财权小、事权大的背景下，地方政府为解决财政收支矛盾，将筹集资金的目标转向限制相对宽松的征费立法权上。同时，征费立法权缺乏必要的监督，规范性也不强，势必造成各地乱收费泛滥，并影响税基的稳定性，造成地方税费混乱。另一方面，征费立法权都被赋予地方政府部门。现行规定下，税收立法权均被行政机关而非权力机关掌控，违背了税收法定主义，致使地方政府过度滥用征费立法权，与税收立法权展开制度外竞争。

（二）解决建议

区分中央和地方的利益是税收立法权纵向划分的实质。如何科学合理划分中央和地方的税收立法权，应由本国的政治经济制度、宏观经济管理水平以及生产力发展水平等决定。在我国集权模式的现实状况下,地方政府基于利益最大化追求,往往会陷入利益争夺的"囚徒困境",致使地方非税收入膨胀。基于此,应适当赋予地方税收立法权并予以监督。

1. 在《税法通则》中明确中央与地方的税收立法权

税收立法权的纵向划分不仅关系到公民的基本财产权益,更关系到国家税政统一、宏观调控目标的实现乃至政权的稳定。我国当前税收法治还不完善,如果急于下放地方税收立法权,将可能造成地方税收经济秩序的混乱。从长期来看,向地方适度下放税收立法权是一种必然,但是必须建立起健全的税收立法权纵向配置的法律保障。

由于宪法修正较为复杂,因此税收立法权纵向划分首先应依据法定原则,即将中央和地方税收立法权划分原则在《税法通则》中具体明确。具体包括:①确立中央与地方税收立法分权的原则,即应以中央税收立法权为主,适当赋予地方税收立法权,并予以监督。②清晰划分中央与地方税收立法分权的范围。对影响全局的主体税种立法权明确赋予中央,即对具有区域影响力的小税种的立法权由中央对征税对象、税基、税率做出范围界定,赋予地方可在中央界定范围内选择的税收立法权,并报全国人大常委会备案。

2. 税收立法权应保证中央的主体地位

尽管税收立法权应适当赋予地方,但是从我国国情出发,税收立法权还应保证中央的主导地位。这是因为:①我国政治上实行中央集权制,作为国家政权的一部分,税收立法权划分方式应与国家政治体制相适应。②我国正处于经济转型期,市场经济的健康发展还需要国家宏观调控。将税收立法权集中于中央,国家税收的基本税收法律法规由中央制定,有利于建立统一的税收法律制度环境,保证中央的宏观调控能力。中央的税收立法权主体地位应包括:①主体税种的核心税收立法权由立法机关行使,辅助税收立法权授权给国务院等相关行政机关行使。②具有地方影响力的小税种的核心立法范围由中央立法机关确定，并授权代表地方人民的地方权力机关在立法范围内执行核心立法权，辅助立法权由地方行政机关执行。

3. 适当赋予地方税收立法权

适当赋予地方一定的立法权是基于我国国情的需要。一是地方政府事权相对财权较多，妨碍地方政府职能实现，在一定程度上造成"土地财政"和收费泛滥等现象，制约地方经济发展。地方拥有一定的税收立法权，可以通过确定税收规模、设置税制要素等手段，保障地方财政收入的相对独立性，实现地方政府职能。二是我国地域辽阔，地区间经济发展水平存在很大差别。赋予地方一定税收立法权，可使地方因地制宜配置资源，发展地方经济。三是赋予地方税收立法权，规范地方征费立法权，推进税费改革，从而有利于规范地方财政预算，从根本上解决地方非税收入膨胀的问题。

对于地方税收立法权的范围，在当前分税体制下，一是对全国统一开征的、税基流动性较强、对国民经济和收入分配影响较大的地方税种，如个人所得税、资源税、营业税等由中央统一立法，地方仅享有辅助立法权的微调权；二是税基相对稳定的地方税种，由中央确定核心税收立法权的浮动范围，地方可在中央确定范围内行使部分核心税收立法权和辅助立法权。

4. 对地方税收立法权予以监督

为了避免地方利用税收立法权展开恶性竞争或过度滥用，中央必须对地方税收立法权予以监督和控制，保证地方税收立法权的有限性，避免因过度放权导致地方各自为政的混乱局面。

一方面，地方税收立法权受中央立法机关的监督和制约，地方制定的税收法规应向全国人大常委会报备批准后方能生效。中央机关定时、定期对地方立法权力展开以下五个方面审核：①地方税收立法是否与宪法、法律相悖；②税收立法是否越权，地方税的核心税收立法权应在中央限定范围内行使，不可以越限；③地方税收立法是否与国家宏观政策导向相符；④地方税收立法主体的资格，地方税的核心税收立法权限源于省级权力机关，严禁将权力转授权，地方税的辅助立法权归属地方行政部门；⑤地方税收立法是否损害国家整体利益，避免地方任意加重税收负担的情况。

另一方面，地方税收立法权受地方人民的监督。地方权力机关执行核心税收立法权时，应遵循一定的地方税收立法民主程序，建立公众对地方税收立法的意见表达台，加强地方公民对地方税收的监督。

第六章　共享税制的历史观察：从分税到分成（1994—2017 年）

一、问题的提出

　　分权理论无疑是一个非常有解释力的学术框架，但是如果从改革开放之后中国的税制改革实践出发，则会发现集权是自 1977 年以来中国税制改革的实践，而共享税制则是自 1994 年以来的税制改革的成果，而且还在不断强化之中。所谓共享税制，其核心含义是税收收入中共享税的比重占据主导地位。从税种数量上看，我国税收体系中较为重要的多个主要税种或主体税种都已实质被归入共享税。从税收收入上看，共享税诸税种在整体税收收入中的"占比"也较大，多个税种都是税源丰沛的大税种。[1] 以"十二五"税收数据测算，"营改增"及过渡期增值税划分方案使得共享税比值大大提高，全面"营改增"之后按照国发〔2016〕26 号文件的分享政策，全国税收收入有 67.89% 来自共享税，中央税收有 68.19% 来自共享税，地方税收有 67.67% 来自共享税，可以说我国已名副其实地进入"大共享税"时代。[2] 纵观全世界的税制，只有德国和中国的共享税比重如此之高。2009—2015 年德国共享税占据全部税收比重较高，平均为 78.35%。其中，联邦政府税收总额中平均 67.44% 源于共享税，州政府则平均高达 93.59% 依赖共享税。中德共享税比重具体可参见表 1、表 2。

---

[1]　参见张守文：《论"共享型分税制"及其法律改进》，《税务研究》2014 年第 1 期。

[2]　参见唐明、陈梦迪：《"大共享税"时代来临，共享分税制做好准备了吗？》，《中央财经大学学报》2017 年第 2 期。

表 1 "营改增"扩围后的共享税占全部税收收入、中央税和地方税比值

年份 （年）	国内 增值税 （亿元）	营业税 （亿元）	企业 所得税 （亿元）	个人所 得税 （亿元）	共享税/ 全部税 收收入 （%）	中央分享 的共享税/ 中央税收 收入(%)	地方分享 的共享税/ 地方税收 收入(%)
2011	24266.63	13679.00	16769.64	6054.11	67.72	66.02	69.72
2012	26415.51	15747.64	19654.53	5820.28	67.23	66.53	68.00
2013	28810.13	17233.02	22427.2	6531.53	67.86	68.81	66.85
2014	30855.36	17781.73	24642.19	7376.61	67.68	68.98	66.36
2015	31109.00	19313.00	27125.00	8618.00	68.99	70.60	67.39
均值	28291.33	16750.88	22123.71	6880.11	67.89	68.19	67.67

数据来源：《中国税务年鉴》，中国税务出版社 2012—2015 年版；《关于 2015 年中央一般公共预算收入决算的说明》；《2015 年财政收支情况》；中华人民共和国财政部网站。

表 2 2009—2015 年德国共享税收入占全部税收收入、联邦总税和地方税比值

年份（年）	共享税收入/ 税收收入（%）	共享税收入/ 联邦总税收入(%)	共享税收入/ 地方税收入(%)
2009	77.46	66.86	92.70
2010	77.50	66.02	94.20
2011	77.85	66.51	94.22
2012	78.53	67.35	94.12
2013	78.88	67.97	93.77
2014	79.11	68.60	93.36
2015	79.09	68.78	92.77
均值	78.35	67.44	93.59

注：其中"地方税收收入"表示州（state）及州以下地方政府（local authorities）税收总收入。地方分享的共享税 = 共享税总收入 - 联邦分享共享税收入，地方税收收入 = 地方专税收入 + 地方分享的共享税收入。

数据来源：Federal Ministry of Finance, *Monthly Report*, http：//www.bundesfinanzministerium . De / Web / EN / Resources / Publications / monthly_report/monthly_report. html。

从1994年分税制实施之初，中国的共享税种只有增值税、资源税和证券交易印花税，随着2002年所得税分享改革和2013年"营改增"，今天中国最主要的税种都成为共享税，这意味着共享税成为中国税制的主要形式，如果不对这种税收形式加以研究，不足以理解中国税制改革的内在逻辑，也不足以对未来中国的税制改革进行理论上的提炼和指导。有几个问题，必须加以思考。共享税制形成的内在原因是什么？ 1994年分税制改革的思路是分税、分权和分管，其内在逻辑与之后二十年的共享税逻辑是否一致？共享税制是否存在缺陷及如何改进？下文将围绕这三个问题予以展开。

二、共享税制的历史考察（1994—2017年）

从1993年分税制决定的文件来看，并没有看出要建立一种共享税制的意图在其中。追根溯源，我们可以发现1993年分税制决定开宗明义就指出：实行分税制是为了取代财政包干制。分税制的具体原则包括：按照中央与地方政府的事权划分，合理确定各级财政的支出范围；根据事权与财权相结合原则，将税种统一划分为中央税、地方税和中央地方共享税，并建立中央税收和地方税收体系，分设中央与地方两套税务机构分别征管。[①]简而言之，1994年分税制改革的基本原则就是："分权、分税和分征"。从这个基本原则来看，三分的核心是"分税"。分权是基础，而分征是保障，分税才是目标。

经过了二十多年的分税制改革，现在回过来看，分权的原则（即事权的划分）没有实现，分税的目标也没有实现，分征的目标则基本实现。实质意义上来讲，地方税体系基本没有建立起来，一个重大原因就是本来作为地方税体系支柱的企业所得税和营业税被不断改革为中央与地方共享税。事实上，1994年分税制改革二十多年最大的成果就是共享税制的建

---

① 参见1993年《国务院关于实行分税制财政管理体制的决定》。

立。每隔十年一次的大改革（2002年所得税分享改革和2013年营业税改征增值税改革），究竟是如何一步步使得中国税制完全朝着共享税制狂奔而去的呢？

（一）2002年所得税分享改革

2002年的所得税分享改革是一个重要的分水岭。为进一步完善财税体制，国务院决定从2002年1月1日起，实施所得税收入分享改革。改革的主要内容是：除少数特殊行业和企业外，2002年企业所得税和个人所得税税收收入由中央和地方各取一半，2003年中央与地方六四分成，以后的比例视情况另行确定。①

"为了促进社会主义市场经济的健康发展，进一步规范中央和地方政府之间的分配关系，建立合理的分配机制，防止重复建设，减缓地区间财力差距的扩大，支持西部大开发，逐步实现共同富裕，国务院决定从2002年1月1日起实施所得税收入分享改革。"这是2002年所得税分享改革的"序言"。这段"序言"中，核心关键词是"防止重复建设、减缓地区间财力差距的扩大，支持西部大开发，逐步实现共同富裕"。这些关键词常常被学术界所忽视。

2002年所得税分享改革是在1994年分税制改革实施将近十年之后推出的税制改革，这表明中央领导层发现经过10年的分税制改革，地区之间的差异不仅没有缩小，反而越来越大，一个比较突出的就是东中西部地区的差异越来越大。人才和投资都集中在东南沿海地区，财政税收收入也是主要集中在这些地区。如果继续按照1994年分税制改革最初的方案，即分权、分税和分征的思路进行下去，那么地区差异将越来越大，而且存在重复建设的问题，这样不仅造成大量人财物的浪费，而且使得社会主义共同富裕的目标越来越远。

----

① 参见张学博：《分税制、土地财政和官员晋升锦标赛》，《科学社会主义》2014年第5期。

为了解决这个地区差异和共同富裕的问题，中央在 2002 年所得税分享改革中的思路体现为："第一，中央因改革所得税收入分享办法增加的收入全部用于对地方主要是中西部地区的一般性转移支付。第二，保证地方既得利益，不影响地方财政的平稳运行。第三，改革循序渐进，分享比例分年逐步到位。第四，所得税分享范围和比例全国统一，保持财政体制规范和便于税收征管。"① 以上四点是 2002 年所得税分享改革的具体实施原则。原则之一表明此次分享税改革的目的只有一个，就是要解决共同富裕（集中表现为中西部地区）的问题。但同时中央也表明尊重地方的既得利益，同时表明此次分享所得税改革是全国一刀切，不存在特别行业特别地区问题。

2002 年所得税分享改革的同时，中央政府先后实施了西部大开发战略和中部崛起战略。2000 年 1 月，国务院成立了西部地区开发领导小组，由朱镕基总理担任组长，温家宝副总理担任副组长，并在 2000 年 3 月"两会"之后进入到实施阶段。2004 年 3 月 5 日温家宝总理提出"中部崛起"战略。这种时间上的紧密性，回过头来看并非偶然。

现在看来，按照企业属地来划分所得税归属是 1994 年分税制的一个尾巴。在 1994 年分税制改革之时，为了保证改革的顺利进行，不得不对地方作了很多让步，比如企业所得税归属于地方。所以 1994—2001 年这段时间，地方政府对于乡镇企业发展是不遗余力的推动，因为企业发展能够给地方政府带来直接的财政收入。但是我们知道地方发展的基础是不同的，东中西部的发展基础是大大不同的。如果完全按照自然条件，东中西部地区的发展程度差别将越来越大。而中央财政本身并不创造财政收入，所以最终考虑的结果就是实行共享税制改革。

我们很多批评共享税制，鼓励地方税权的学者，往往是站在发达地区的视角，犯了以偏概全的错误。无论建立什么样的地方税制，中西部很多地区可能都无法有多少税收，但这些地区对于整个国家而言具有战略全局

---

① 国务院：《关于印发所得税收入分享改革方案的通知》（国发〔2001〕37 号文件）。

意义，那就只能依靠中央财政来对其进行转移支付。正是在这个基础之上，中央政府看到这一点，才在 2002 年实行了所得税分享改革。这样不仅使得中央政府有充足收入支援中西部地区建设，也使得地方政府重复建设、恶性竞争的局面得到扭转。

（二）营业税改增值税改革（2012—2017 年）

从 2012 年开始，中国开始进行营业税改增值税改革。2012 年先在上海进行试点，2014 年向铁路运输业和邮政业推开，2016 年则向所有行业全面推开。媒体多把营业税改增值税理解为结构性减税的一个重要环节，但深入思考，则会看出营业税改增值税是继 2002 年所得税分享改革之后中国税制改革的最大动作。营业税改增值税进一步强化了 2002 年所得税分享改革所启动的共享税制改革，使得共享税在中国成为占绝对主导地位的税制。

在 1994 年分税制改革之时，中央政府对于中国税制究竟是走向一种专税制[①]还是走向共享税制还是不确定的。因为世界上绝大多数国家都是实行专税制度，只有德国是共享税制占主导地位。专税制度的基础是分权理论和财政联邦主义，而财政联邦主义即便在今天仍然是世界各国财政税收领域中的主流理论。

营业税是 2002 年所得税分享改革之中地方政府第一大税种，也就是说营业税是地方政府税收收入中的最大保证，所以启动于 2012 年的营业税改增值税除了推动产业升级（服务业）和供给侧改革之外，表明中央政府已经坚定选择了共享税制的道路。所谓共享税制，其核心是将核心税种的收入在中央与地方进行分享，即将中央与地方的利益捆绑在一起，保证中央在与地方关系的处理上掌握主动权。这也表明中国政府在选择改革路径方面日趋成熟，不再迷信国外经验，而是立足于中国过去几十年的改革实践。

---

① 即中央税和地方税界限清晰，中央与地方共享税仅仅是整个税制中的小部分。

中国自 1977 年以来的改革实践表明，分权分税的路径并不适合中国，至少不适合目前的中国。中国太大，中国是一个与几十个国家接壤的大陆型国家，是一个政治经济发展极不平衡的大国。某种意义上，中国在领土和人口上比欧盟几十个国家加起来还要复杂。与美国这样的四面环海的海洋性国家完全不同，中国首先要考虑的是整个国家的统一完整和稳定。想一想欧盟发展到今天，内部还是一盘散沙，基本上还相当于中国的春秋战国时期。新中国成立不足 70 年，领土问题还没有彻底解决，中央与地方的关系并不非常稳固，分裂的危险仍然存在。在这个意义上，党的十八届六中全会的历史意义怎么强调都不过分。

中央政府最终决定将税制改革的方向定位为共享税制，显然背后有着深刻的原因。在 2003—2012 年期间，中央政府的宏观调控遇到了困难，典型问题就是房地产调控问题。自 2004 年以来，中央政府出台了多轮房地产调控政策，几乎每年都出台大量房地产调控政策，但是效果都不是很明显，一个主要原因就是地方政府与房地产行业捆绑太深。地方政府两笔最大的收入，一个是土地出让金，一个就是营业税，而营业税中占比重最大的就是建筑行业的营业税，说到底都是与房地产行业直接相关。所以中央采取了两个策略，一个就是将地方政府所有财政收入都纳入预算管理，另一个就是营业税改增值税。

这两个策略前一个解决土地出让金的预算内管理问题，后一个策略解决营业税问题。其核心说到底就是为了解决中央对于地方的控制问题。但是，对于中央政府而言，绝不能允许出现地方脱离中央自行其是的现象发生。

现在看来，1977—1994 年期间的税制改革是一个探索的产物。20世纪 90 年代整个世界的主流经济学观点就是经济自由化和财政联邦主义。1994 年的中央政府正是在此基础上提出了"分权、分税和分征"的改革思路。尽管当时迫于现实压力，1994 年分税制改革的目标是提高中央政府的财力，但在税制改革思路上仍然是按照分权的思路在进行。到了 2002 年之后，中央政府的思路逐步清晰起来，到 2012 年之后，中央政府则更加确信要进一步加强中央集权，并且要坚定不移地推进下去。

总而言之，从 1977 年《财政部关于税收管理体制的规定》到 1994 年分税制改革，然后是 2002 年所得税分享改革，再到 2012 年营业税改增值税改革，接近 40 年的中国税制改革，其主线是集权的，而且是逻辑清晰的一条主线，尽管在期间也有摇摆（1994 年分税制改革）。现在回过头来看，可以清晰地看到 1977 年以来的税制改革正是建立在对改革开放之前 20 年地方分权实验的反思基础之上。之前 20 年的地方分权实验经验表明，一个稳定的中央政府对于一个大国的发展而言是何等重要。面对国际国内错综复杂的形势，这条主线目前还看不到有任何改变的必要，即进一步加强中央政府的权威，保证各级地方政府按照中央政府的意图来推进改革和发展是有必要的。

三、共享税制的合理性分析

改革开放 40 年后的今天来回顾税制改革，只有一条主线贯穿始终，那就是中央集权。从 1956 年毛泽东同志发表《论十大关系》提出处理中央与地方关系的原则：在巩固中央统一领导的前提下，扩大一点地方的权力，给地方更多的独立性，让地方办更多的事情。从 20 世纪 50 年代后期到 70 年代前期，毛泽东同志经常在地方召开全国性的会议，比如郑州会议、上海会议、南宁会议、庐山会议等。[1] 这是毛泽东有意识的鼓励提高地方积极性的一些带有象征意义的做法。事实上，在 1956 年之后中国的税制基本上也是在进行大规模的分权实验，尤其是 1958 年 6 月 9 日国务院公布《关于改进税收管理体制的规定》和 1970 年国务院批准中国人民解放军财政部军事管制委员会报送的《关于下

---

[1] 参见张素华：《毛泽东在第一次郑州会议至庐山会议前期纠"左"的思想历程——读这一时段的〈毛泽东年谱〉》，《党的文献》2013 年第 2 期。

放工商税收管理权的报告》两次税权下放给中国税制的影响是非常深远的。

在 1970 年国务院批准的税制改革，明确规定省级革委会不仅拥有减免税收的权力，而且拥有确定税收范围等实体性税权立法权。尽管这是在中苏关系恶化的背景下发生的，但实质上已经突破了当时的《中华人民共和国宪法》（1954 年）。毛泽东同志固然强调要调动地方的积极性，但是也表示："我们的宪法规定，立法权集中在中央。"所以 1958 年、1970 年两次税制改革实际上突破了 1956 年毛泽东同志在《论十大关系》中的关于发挥省（市）积极性的表述。而且在如何处理央地关系问题上，毛泽东同志在文末特别强调："在解决中央和地方、地方和地方的关系问题上，我们的经验还不多，还不成熟，希望你们好好研究讨论，并且每过一个时期就要总结经验，发扬成绩，克服缺点。"这表明即便作为中国共产党的最高领袖毛泽东同志，对于如何处理央地关系也是没有十足把握的，认为要好好研究，并且每隔一段时间就要进行总结。

事实上，1956 年之后的税收下放的实验超出了毛泽东同志的估计，地方政府没有超出"一放就乱"的怪圈。毛泽东同志在《论十大关系》中提到有些资本主义国家的经验实际上是指美国。美国自建国之后一百多年就成为世界第一强国，与其实行联邦制有很大关系。毛泽东同志主张给地方更多的权力可能就来自于美国历史发展的启发。然而美国这个超级国家的形成有其得天独厚的自然条件，即四周都是海洋，拥有着天然的屏障，美国人自己都认为自己是"上帝的选民"。中国数千年的历史发展，尤其是新中国成立后六十多年的建设历史表明，走地方分权的道路只会使得国家充满不稳定因素，只有加强中央集权才能保证国家的领土统一完整，使得整个民族国家向心力内聚。中国历史上那些最强盛的王朝，无一不是加强中央集权的朝代。反之，那些中央权威式微的王朝，都是分裂衰败的时代。新中国成立后也是如此。党的八大之前的 7 年，可以说是新中国发展最为迅猛的时期。之后 20 年中国经济速度就下降了。到 1977 年之后，随着中央集权的加强，中国经济又长期处于高速增长时期。

正是在这个大的历史背景之下，共享税制作为中央集权的重要手段，逐步被确认为中国税制改革的方向并进一步强化，因为税制是处理中央地方关系的根本制度之一。如果沿着1994年分税制所确立的"分权、分税和分征"的三分体制逐步走下去，那么随着财政联邦主义和专税制度的确立，那些沿海地区与中西部地区之间的差距会越来越大，地方的利益与中央政府的利益很可能会背道而驰。所以2002年所得税分享改革标志着中央政府正式确定了共享税应该成为中国税制的主体，而2013年营业税改增值税改革则进一步完善和巩固了共享税制的地位，使得共享税在整个税收体制中的比重高达七成以上，地方政府的利益与中央政府处于高度绑定之中。地方政府的所有财政收入既大部分来自于共享税，又受到刚性预算的控制，这将有利于保证地方政府减少土地财政并自行其是的冲动。

实践是检验真理的唯一标准，中国数千年的文明实践表明：在一个中国这样幅员辽阔的大陆型国家，加强中央集权是保证地方相对均衡发展，提高国家向心力的重要手段。所以保证税收立法权集中于中央是历代中国政府所采取的必有选项。而对于当代中国来说，共享税制则是1977年以来税收实践的最终结论。通过共享税制，最大的合理性在于可以使得中央与地方的利益牢牢捆绑在一起，而共享税制中的央地的分配又完全在中央，尽管中央政府在决定时要考虑地方政府的意见。毫无疑问，未来中国数十年内，随着营业税改增值税改革的全面铺开，共享税制将长期处于主导地位，地方政府要适应通过共享税制和刚性预算获得其所需要的税收，而不是依靠土地财政或者其他专有税种。

与共享税制所伴随的制度就是分成制度，即中央和地方在税收收入中进行分成，而不是1994年分税制改革所提出的分税。从分税走向分成，是中央政府在反复思考之后的结果。选择了共享税制，而不是实行中央与地方的专税制，则意味着未来中央与地方的财政收入划分主要在一些共同税种之下进行分成。通过分成制既可以把中央与地方的利益捆绑在一起，而且可以保证中央政府在两者关系中的绝对权威。因为分税不论是分税基还是分税种，都要通过法治来进行，而分成则不需要通过法律规则。这也是今天中国的国际国内环境和改革发展实践所决定的。

四、共享税制滋生之弊端

共享税制的最大合理性在于为处于数千年未有之大变局之中国，为一种稳定的中央主导的央地关系提供了财政体制上最大保证。任何一种制度，有其利必有其弊端。[①] 中国共产党人从实践出发，发现要保证整个国家之稳定，必须要加强中央集权，而不是向地方分权，至少在相当长一段时间内是如此。这是中国作为一个与数十个国家接壤的大陆型国家所决定的。现在看来，毛泽东同志晚年对于地方分权的思考可能需要进一步反思。一个最大的原因就是中国这样的大陆型国家，周边充满着不稳定因素。如同欧洲一样，要形成一个统一的主权国家，十分艰难。英国脱欧进一步使得欧盟的前景十分不确定。

当然，共享税制也伴随着不少弊端。一个最大的弊端就是地方政府的行为模式发生改变。在专税制下，地方政府会积极发展与地方财政收入直接相关的产业从而直接获得财政收入，然后再用于城市基础设施建设和再投资。2002 年所得税分享改革之前，所得税属于地方税种，所以 20 世纪 90 年代到 2002 年之前是中国的乡镇企业发展最快的时代，因为企业发展了，地方政府可以直接受益。但是到 2002 年之后，中国的乡镇企业除了少数优秀的，大多数都销声匿迹了。一个重要原因就是企业所得税成为共享税制，所以 2002 年之后地方政府开始极力推动房地产市场，主张经营城市的理念，大规模进行基础设施建设，地王频出，土地出让金逐年攀升。地方政府逐步将财政收入的重点由预算内转到预算外、由预算外转到非预算，从收入来源上看，即从依靠企业到依靠农民负担和土地征收，从

---

① 参见钱穆：《中国历代政治得失》，生活·读书·新知三联书店 2012 年版，第 3 页。

侧重"工业化"到侧重"城市化",这种行为模式改变的结果就是东中西部地区的财政收入差距预算外比预算内更大。[①] 那么 2012 年营业税改增值税之后,地方政府的第一反应就是进一步发展土地财政,2013 年土地出让金创历史最高纪录达到 4.12 万亿元。[②] 与之相应的是中央政府新一轮大规模的房地产调控政策不断出炉,一二线城市的房地产处于僵持状态,三四线开始下跌。

其次,中国的共享税分配标准以收入来源地为共享依据。比如,以共享税中第一大税种增值税为例,目前的增值税分享是按照收入来源地进行分享,而收入来源地往往是工业较为发达地区,所以原材料提供地的税收分享往往较低。长此以往,那些工业发达地区的财政收入与原材料提供地(往往是落后中西部地区)的财政收入差距会越来越大。而德国将归州级政府分享部分的 75% 按各州人口数量平均分配,每个州获得的这部分增值税收入与其是否来源该地无关。[③]

再次,中国共享税仅仅考虑纵向平衡,忽视了横向平衡。长期以来,中国主要通过纵向财政转移支付来解决地区间的财政不平衡问题,尤其是以专项财政转移支付为主要的资源调配方式,存在依据不科学问题,同时也滋生了"跑部进京"等腐败问题。在分税制改革以来的大部分时间内,专项转移支付从总体上看仍是政府间财政转移支付的主体。1994—2013年间,专项转移支付在政府间纵向财政转移支付中所占比重的平均值为55.5%,而同期一般性转移支付所占比重的平均值只有 44.5%。[④] 同样是共享税制的德国,却有非常科学合理的横向平衡机制。在联邦政府与州政府分配共享税的基础上,德国还通过制度化的州际横向财政平衡体制由财政状况相对较好的州根据财政平衡法的规定拿出部分税收收入分配给财政

---

① 参见周飞舟:《分税制这十年》,《中国社会科学》2006 年第 6 期。

② 参见《2013 年全国土地出让收入超过 4 万亿》,《北京日报》2014 年 1 月 31 日。

③ 参见唐明、陈梦迪:《德国共享分税制的经验及启示》,《中国财经》2017 年第 4 期。

④ 参见王玮:《共享税模式下的政府间财力配置——基于中、德的比较分析》,《财贸研究》2015 年第 4 期。

状况较差的州。[①] 德国把归属州收入的剩余 25% 划归那些财政实力较弱的州，而财政能力强弱则依据财政能力指数和财政需求指数来进行科学计算（具体通过州财政收入、人口等指标来进行测算）。

总之，在确定共享税制作为中国未来税制的主体时，需要考虑对共享税制存在的弊端进行进一步的完善，使得在现行的共享税制之下，如何既调动地方政府的积极性，同时又避免地区之间的差距越来越大，并适当建立起横向平衡机制。

五、共享税制的进一步完善

随着 2016 年营业税改增值税全面推开，共享税制成为未来数十年中国税制的最大基础。从 1977 年国务院的税制改革到 2017 年，整个 40 年的税制改革的内在逻辑是一致的，就是：稳定并巩固中央集权。1994 年的分税制改革是探索性的，中央政府最终发现共享税制下的分成制才是巩固中央集权的最终保证。财政大包干固然可以极大地调动地方政府的积极性，但是也会导致地方政府处于无法掌控的危险境地。相比较而言，高速增长＋强地方弱中央不如中低速增长＋强中央弱地方。因为对于一个超级的大陆型国家而言，在任何时候国家统一稳定是走向复兴的前提，而几千年的中国历史表明统一稳定的前提则是中央集权。中国不可能复制美国的道路。在这个大的前提明确之下，中国的共享税制应着手于几个方面，进一步完善。

首先，进一步落实税收法定原则，将增值税条例上升为法律。比如共享税制中比重最大的增值税，应该尽快将其上升为法律。政策变动不定，中央政府可以利用自己"规则制定的垄断者"，不断改变中央与地方的财力分配规则，增大了中央与地方博弈的空间。制度上的随意性，必然使地

---

① 参见王玮：《共享税模式下的政府间财力配置——基于中、德的比较分析》，《财贸研究》2015 年第 4 期。

方政府的财政利益得不到有效的法律保障。[①] 增值税加上营业税在整个税收中的比重占到40%以上，是目前共享税制中的最大税种。随着营业税改增值税的完成，增值税的改革近乎完成，应按照党的十八届三中全会决定"落实税收法定原则"的要求，在2020年之前将其上升为法律。这也意味着中国进一步明确了将间接税作为税制基石的策略。

其次，对共享税的分配要进行调整，完善再分配制度，缩小地区差距。基于共享税成为中国税收收入主体的制度选择，如何分配这么巨大的税收就成为改善人民福利，缩小贫富差距，走向共同富裕的一个重要支柱。在过去几十年里，中国的财政再分配是以纵向再分配为主导的，即通过中央财政的转移支付（专项支付为主）[②] 来实现地区之间的差距缩小。典型案例就是2002年所得税分享改革明确提出中央财政分税增加部分用于中西部地区开发所用。由于使用来源地原则，适用同一比例进行分成，其结果必然造成经济发达的省份分享的较多，富者愈富，穷者愈穷。要赋予共享税收入分配一定的财政平衡功能，一是，可以考虑归地方政府所有的增值税收入中的大部分采用目的地原则在不同地区之间进行分配。二是，可以考虑在归地方政府所有的增值税收入中确定一定的比例专门用于横向财政平衡。[③]

然后，建立财力配置机制的协调机制。这里包括纵向和横向两个方面的内容。从纵向层面，在建立共享税再分配制度基础上，要使得财政转移支付制度与共享税的纵向分成制相衔接。即纵向的财政转移支付制度要建立在共享税纵向分成制基础之上，两者要对应，否则会使得这种财政再分配制度失效。从横向层面，要协调共享税横向分配制度与对口支援机制。对口支援机制应逐步转变为一种临时应急机制，而非一种常态化机制。要

---

① 参见王彩霞：《财政分权视域下共享税法律制度的完善》，《地方财政研究》2017年第5期。

② 尽管自2012年以来，一般性转移支付在稳步提升，但专项转移支付仍然占据纵向转移支付中的一半左右。

③ 参见王玮：《共享税模式下的政府间财力配置——基于中、德的比较分析》，《财贸研究》2015年第4期。

理顺其与政府间纵向财政转移支付之间的关系，并对现行对口支援项目分类分项进行相应的裁撤或并入政府间纵向财政转移支付体系中，用于地区财政平衡和公共服务均等化。共享税的横向分配制度应该成为一种常态化的主要财政平衡机制。

最后，共享税制之下保证地方政府的利益表达机制。相比专税制，共享税制对于地方政府之利益有相当之挫伤，故应考虑建立相应机制，保证地方政府利益，并调动其积极性来参见中央政府理念之实施。比如，在分成制之下，虽然中央政府掌握相当之主动权，但在确定共享税分成的程序上，应设立地方政府参与的法定程序，保证其利益得到相应表达。另外，在营业税改增值税之后，是否考虑将城建税（现为共享税种）转为地方税，以一定程度上弥补地方财政之不足。同时，尽快开征房地产税，使之成为未来地方税之固定税收收入，激发地方政府的积极性。

第七章 房产税"立法模式"实证研究
（1986—2017 年）
——从历史视角切入

一、问题的提出

尽管早在 1951 年政务院公布了《城市房地产税暂行条例》，但当时的土地所有制与今天不同，所以当时采取房地税合一的房地产税制度。而今天的土地为土地公有制，故今天我们考察房产税制度，宜从 1986 年开始。1986 年 9 月 15 日，国务院发布《房产税暂行条例》，首次以授权立法的形式对房产税的课税要素进行了规定。这实际上是开启了土地公有制基础上房产税之先河。基于中国土地公有制，所以这次税制改革确立的思路是房地税分离，即将 1951 年开征的房地产税又分为房产税和土地使用税。

1986 年开征的《房产税暂行条例》（下文简称《暂行条例》）仅仅规定："个人所有非营业用的房产免征房产税。"[1] 但是免征不同于不征。不征是指按照法理本就不该课征，而免征则是指因为国情或者政策暂时不予以课征。从这个意义上讲 1986 年的《暂行条例》就已经留下了个人非营业住房开征房产税的伏笔。只是这个暂行条例暂行了 30 年，也未见转正。房产税再次引起政府和个人重视是在房价快速上涨背景之下政府试图用此来调控房价。

时值 2009 年，国务院连续出台三项房地产市场调控政策，并决定开

---

[1] 参见《中华人民共和国房产税暂行条例》第五条第四款。

启房产税试点改革，以此遏制部分城市房价上涨过快、加强房地产市场的宏观调节力度。此后，沪渝两市于 2011 年率先开展房产税试点改革。[①] 不论个人非经营性住房房产税试点（房产税试点）的调控效果是否成功，不可否认房产税试点的直接原因是调控房价。但是随着经济形势的发展和整个社会对于房产税进一步不断白热化的讨论，对于房产税的改革思路已经与 2011 年试点改革时大不相同。

由于房产税属于典型的财产税，与每个公民的财产税密切相关，几乎所有人都卷入这场讨论中来。因为房产的所有者几乎都是中产阶级以上人员，所以对于房产税的讨论越来越深。主要包括以下几个方面。房产税试点之上位法依据是否充足？房产税试点是否与《立法法》（2015 年）冲突？上海、重庆的房产税试点是否已经失败？房产税可否调控房价？如果不能调控房价，是否有必要开征？房产税立法模式是修改《暂行条例》，还是另起炉灶，制定新法律？对于以上问题，如果不能从法理上予以回答，那么针对个人自住住房之房产税课征的正当性将无法自洽。除此之外，如果不能找到符合实践之房产税立法模式，立法和征管之社会成本过高，那么房产税之扩展则意义大大缩减。本文拟从历史法学之视角，从 1986 年《暂行条例》启动的房产税立法进行深入之探讨，对其经验教训予以深入之分析和总结，拟对正在激辩之中的房产税改革有所裨益。

二、房产税立法的历史观察（1986—2017 年）

（一）房产税之暂行（1986—2010 年）

在现行土地公有制之下，1986 年国务院公布了《房产税暂行条例》。1986 年《暂行条例》规定的房产税除了明确界定了五种免征的情形外，还在计税依据、减免税、纳税期限等税收要素方面赋予了省级政府自由裁

---

① 参见刘佳：《房产税法的演进及其功能定位与制度设计》，《求索》2014 年第 5 期。

量权。① 除此之外，房产税的实施细则均由省级政府来规定。一共十个条文的暂行条例有五个条文都是关于授权省级政府的税收立法权。1986年《暂行条例》的立法模式可从横向纵向两个方面来理解。从横向来讲，1986年《房产税暂行条例》的法律依据来自于1985年全国人大对于国务院的授权。从纵向来讲，1986年《房产税暂行条例》是一次集中＋分权复合立法模式。一方面，在纳税区域、纳税义务人、税率、征收管理等方面坚持了中央集权模式，由中央政府统一规定。另一方面，在涉及计税依据、减免税、纳税期限等纳税要素方面都授权省级政府予以规定，则实际赋予了省级政府很大的自由裁量权。

学术界通常聚集于横向税收授权立法的合法性。通常的批评认为依据2015年《中华人民共和国立法法》（以下简称《立法法》）应该废除1985年全国人大对国务院的授权。这样的批评如果拘泥于法律条文，的确成立。因为按照今天学术界的通常观点，授权立法不应该是宽泛而空白的。2015年《立法法》明确规定："授权决定应当明确授权的目的、事项、范围、期限以及被授权机关实施授权决定应当遵循的原则等。"② 但是也需要明确的是，尽管全国人大常委会根据中央要求已经制定了路线图，但是在全国人大常委会废除1985年授权立法决定之前，1985年全国人大对于国务院的授权是合法的。所以从横向授权来讲，1986年房产税暂行条例并无太大问题。

真正的问题实际上是纵向授权问题。1985年全国人大的立法授权的确授权了国务院在经济体制改革和对外开放领域制定暂行条例的权力，但是并没有授权国务院进一步转授权给其他机构或者下一级政府。在1986年房产税暂行条例中，将相当部分的税收立法权转授权给省一级政府，这是没有法律依据的。1977年，国务院财政部下发了一个非常重要的文件：《财政部关于税收管理体制的规定》，③ 其实质就是收回了在1970年中国人民解放军财政部军事管制委员会所出台的《关于下放工商税收管理权的报

① 参见《中华人民共和国房产税暂行条例》第三、五、六、七、十条。
② 参见《中华人民共和国立法法》第十条。
③ 参见财税〔1977〕15号文件。

告》中下放到省一级的税收立法权。这标志着税收权力向中央集中的一个信号。而 1986 年的房产税暂行条例基于房产税是一个地方税的考虑，授权给了省一级政府较大裁量权，从法律依据上讲是一个缺陷。2015 年立法修改仍然没有对纵向授权的问题予以法律规范，应该说是一个缺憾。

（二）房产税之试点

虽然房产税暂行了二十多年，但并没有引起学术界和公众的关注。因为 1986 年的暂行条例主要是针对城镇的经营性房产，所以大多数普通公众甚至不知晓房产税的存在。当房产税试点开始之时，多数普通公众甚至以为是一个新开征的税种。

为进一步完善房产税制度，合理调节居民收入分配，正确引导住房消费，有效配置房地产资源，根据国务院第 136 次常务会议有关精神，上海市政府决定开展对部分个人住房征收房产税试点。[①] 从上海税务局的文件抬头来看，房产税试点有 3 个目的，即完善地方税制、收入分配调节、宏观经济调控。重庆房产税试点的表述则为："为调节收入分配，引导个人合理住房消费。"[②] 相比之下，上海房产税试点的概括更加全面，而重庆房产税试点的目的则更加直接，就是调节收入分配，抑制住房投资。

从 2011 年重庆和上海的房产税试点的社会背景分析，这次房产税试点的直接目的就是调控房价，也就是自 2004 年政府采取行政手段多次调控房价无果之后，社会普遍呼吁政府采取房产税方式来调控房价。从 2011 年重庆和上海开始房产税试点到今天已经整整过去了 6 年，但是目前从调控房价的角度来看，有一定作用，但并不十分突出。

对比上海、重庆、成都、广州作为非试点城市，考察房产税对房价的

① 参见《个人住房房产税试点专栏》，上海国家（地方）税务局网，http：//www.tax.sh.gov.cn/pub/ssxc/zlzy/zcgll/fdcggsdzl/201101/t20110130_305674.html，最后访问时间：2017 年 10 月 17 日。

② 参见《重庆市关于开展对部分个人住房征收房产税改革试点的暂行办法》，重庆市政府网，http：//www.cq.gov.cn/wztt/pic/2017/1479225.shtml，最后访问时间：2017 年 10 月 18 日。

影响，2011 年 1 月至 2012 年 6 月，这四个城市的住房价格大体上呈现出前半程上涨，后半程下跌的共同趋势，与全国房价平均走势相符。① 之所以上海和重庆的房产税试点并没有起到抑制房价的作用，有多种原因。首先是此次房产税试点城市上海和重庆出台的房产税本身是很轻微的。重庆市房产税的征收对象为个人独栋商品住宅，包括个人新购的高档住房，以及无户籍、无企业、无工作的个人在重庆新购的第二套（及以上）的普通住房。上海市的征收对象为本市居民家庭在本市新购且属于该居民家庭第二套（及以上）的住房，包括新购的二手存量住房和新建商品住房，以及非本市居民家庭在本市新购的住房。② 这表明上海和重庆的房产税试点有几个核心点。一是不涉及存量房，二是主要针对外地户籍人口。所以，当前的房产税试点没有起到抑制房价的作用，并不表明如果全面普遍征收房产税不能抑制房价。因为真正意义上的房产税，重点是针对存量房的，也就是针对所有人的。

当然，从国外经验来看，国外的房产税针对存量房，但是房产税的使用主要用于本地基础设施建设和社区教育，因而房产税对于本地房价会起到正相关作用。但是国外的普通居民对于住房的投资价值没有中国人这么重视，因为国外的资本市场普遍发达，所以国外普通居民有多种较高收益的投资渠道。而中国的普通居民缺乏其他投资渠道，所以对房产的投资属性非常重视。所以，通过上海和重庆房产税试点就得出房产税在中国不能抑制房价的观点并不一定准确。

另外一个问题就是组织收入和完善税制问题。相当多的学者认为上海和重庆的房产税试点表明房产税并不能为地方政府带来足够的与土地出让金相当的稳定收入。上海市 2012 年全年上海房产税收入约为 92.5 亿元，占 2012 年税收收入总额 1.04 万亿元的 0.93%，2011 年这一比例约为

① 参见刘贵文、皮晓晗、杨龙斌：《沪渝房产税试点改革成效探究》，《价格理论与实践》2012 年第 9 期。

② 参见徐宁、吴福象：《我国房产税试点的绩效评价与政策优化研究》，《上海经济研究》2012 年第 4 期。

0.70%。重庆市 2011 年共征收住房房产税近 1 亿元，占重庆地方财政收入的 0.30%。[1] 正是基于这样的数据，很多民众认为房产税不能为地方政府承担起组织收入的重任。但仔细分析下来，并非如此。因为此次重庆和上海的房产税试点是一个非常温和的试点方案。试点方案将房产税的征税对象大大缩小了。重庆仅仅针对别墅和高档住宅，所以仅仅是针对房产中一小部分人群，当然不可能承担起组织财政收入的重任。上海则仅仅只是针对整个行政区域中的增量房，其税收规模已经呈现出快速增长的事态。所以，如果按照国际通行标准，即主要针对存量房来征收房产税，其税收收入绝对不容小觑。

自 2003 年以来，中国房地产市场出现了井喷式发展。在这个过程中，一部分民众（主要是新毕业大学生和专业人士）抱怨房价太高以至于其买不起房，但同时地方政府和相当一部分民众都因此而受益。地方政府依靠土地财政获得了大量财政收入，从而极大改善了地方基础设施，民众的生活环境因此大有提高。但是从整体税制来看，目前地方政府主要依靠土地财政作为收入基础是不可持续的。随着中国城镇化的逐步完成（尽管还有接近二十年的时间），将土地作为抵押物来融资的运作模式总有终结之日，那时地方政府没有一个像样的主体税种，地方财政将面临重大危机。居安而思危，未雨而绸缪。地方政府不可能到时才考虑地方税制问题。

最后一个是收入再分配问题。此次房产税试点，在这方面两个城市试点略有不同。因为上海房产税试点主要针对增量房，而重庆则针对高档住宅（包括存量别墅）。相比较而言，重庆房产税试点对于抑制高档住宅有一定作用，相比上海房产税试点，在收入再分配方面重庆试点要好一点。上海房产税试点，主要针对增量房，不仅没有起到缩小收入分配的作用，而且进一步加大了收入分配差距。简而言之，重庆房产税试点更体现了收入分配实质公平原则，而上海房产税试点则体现了一种效率至上的精神。因为针对

---

[1] 参见李永刚：《中国房产税制度设计研究——基于沪渝试点及国际经验借鉴视角》，《经济体制改革》2015 年第 1 期。

存量房的税收征管从技术上讲非常复杂，征收成本高。这一点在重庆试点中对存量别墅的课征就体现得非常明显。而对新买住房就可以通过程序手段来使纳税人配合缴税。但从房产税的一般征收模式来看，应该是在持有环节，所以立足于长远发展，上海模式并不可取。重庆房产税试点虽然起步艰难，但是其立足于实质公平和收入再分配的课征理念是值得借鉴的。

三、房产税试点之进一步思考

（一）房产税试点之积极意义

对于重庆和上海房产税的试点，多数学者认为其近乎失败。从税收职能来讲，相当部分学者认为重庆和上海房产税试点的成效不大。[①] 具体原因就是前文所分析的，无论是从组织收入完善税制、调控房价还是收入再分配的角度，两个城市房产税试点的意义都没有表现出太多亮点。但是，如果从更广阔的历史视野来思考，重庆和上海的房产税试点具有不可忽视的探索意义。

首先，重庆和上海房产税具有破冰意义。自 1986 年实施房产税以来，针对居民个人非经营性房产一直予以免税来对待。而且在三大社会主义改造之后，中国的财产税就几乎是一个空白地带。随着改革开放和经济社会的全面发展，中国境内个人的财产空前增加，但是对于个人财产征税在普通民众内心仍然有强烈抵触心理。此次选择两个直辖市（一东一西）作为试点，正是具有破冰的意义。从两个城市的房产税试点来看，虽然在征管环节遇到重重困难，但是并没有太多实际的强烈反对。房产税的试点可以说为未来房产税全面铺开，打下了良好的基础。民国历史上由于开征个人所得税而引起商人群体的强烈反对，而此次房产税试点应该只是停留在舆

---

① 参见谭荣华、温磊、葛静：《从重庆、上海房产税改革试点看我国房地产税制改革》，《税务研究》2013 年第 2 期。

论和网络上的正当辩论，并没有行动上的激烈对抗。在这个意义上讲，2011年的重庆和上海房产税试点并不存在失败问题。可以说现在的效果完全是在两地政府预料之中，因为政策本身很温和，带有很大程度的试水意义。

其次，上海房产税试点具有完善税制的意义。相比于重庆房产税试点，上海的房产税试点面向整个行政区域。尽管一开始就将房产税仅仅针对增量房，但每年的房产税仍在百亿级别以上，而庞大的存量房一旦开征房产税，其所带来的财政收入绝对是十分可观的。目前的地方财政严重依赖土地出让金，一旦未来城镇化完成，则地方财政将出现严重缺口。另一方面，随着第一批商品房的土地使用权已经到期，如何解决土地使用权到期之后续期的问题，如果能够通过课征房产税，就可以起到替代持有环节地租的问题。

再者，重庆房产税试点在收入再分配，引导房地产建设方面有一定价值。重庆房产税的特点是在主城区针对别墅（含存量）和高档住宅（新），将此次房产税试点锁定在富人群体。能够在主城区购买别墅的绝对是富人（尽管过去别墅价格较低，但相对于当时的人均收入，价格仍然不低）。能够在 2011 年购买高档住宅[①]的人群同样可以视为中产阶级以上人群。重庆房产税试点通过对别墅和高档住宅课税，一方面是对富人量能课税的原则，另一方面则推动了商品房建设更多面向普通群众建设普通住宅。更多的普通住宅建设对于稳定房价也能起到一定的积极作用。尽管此次重庆房产税试点中出于稳妥考虑，确定的税率较低，只有 0.5%—1.2%。但是其试水的意义不可以磨灭。

（二）房产税试点所引发的问题

自 2011 年房产税试点开始到今天已经有 6 年之久，试点仍然在继续，但没有扩大到其他城市，其实质是房产税的改革方式仍处于斟酌之中。党的十八届三中全会通过的《中共中央关于全面深化改革若干重大问题的决

---

① 重庆房产税试点中的高档住宅是指达到上两年市区房价均价 2 倍以上的住宅。

定》对于房地产税的准确表述是"加快房地产税立法并适时推进改革"。① 这实质是在全面推进依法治国的背景下，中央意图通过立法引领改革思路在税制改革领域的具体表现。

全国人大常委会法工委负责人就《贯彻落实税收法定原则的实施意见》答问中明确表示："税制改革相关的税种，将配合税制改革进程，适时将相关税收条例上升为法律……改革涉及面广、情况复杂，需要进行试点，可以在总结试点经验的基础上先对相关税收条例进行修改，再将条例上升为法律。"② 按照全国人大的思路，房产税改革就是典型的涉及面广、情况复杂的税制改革，所以需要试点，并在总结试点经验的基础上对相关条例进行修改。而目前整个中国税制改革的重点和难点其实就是房产税和个人所得税。那么房产税推动困难的难点在哪里呢？

首先，房产税试点给我们最大的启示就是房产税改革应该是中央统一立法推进较好。中国过去四十多年的高速发展，已经让地方政府形成了对行政手段和土地财政的路径依赖。试图通过地方积极进行房产税改革试点然后在全国推开的道路行不通。尽管重庆和上海房产税试点具有破冰意义，但其温和程度使得其不可能承担起地方主体税种的重任。如果如十九大报告所说，要深化税收制度改革，健全地方税体系。③ 那么在目前营业税改增值税的前提下，地方没有一个可以为其提供较大稳定收入的税种，而房产税是最现实而且最具操作性的地方主体性税种。这方面可以观察国外的经验。比如美国的房产税是其地方政府最主要的收入来源。澳大利亚等国家也是如此。由于房产税是直接对财产征税，遇到民众心理抵触是普遍现象，尤其是拥有多套房者。目前的房地产市场属于典型的卖方市场，所以地价越来越高，而一旦房地产市场成为买方市场，则地方政府卖地困

---

① 参见 2013 年十八届三中全会《中共中央关于全面深化改革若干重大问题的决定》。
② 参见 2015 年全国人大常委会法工委负责人就《贯彻落实税收法定原则的实施意见》的有关情况回答新华社记者的提问，《人民日报》2015 年 3 月 26 日。
③ 参见《决胜全面建成小康社会 夺取新时代中国特色社会主义伟大胜利》第五章第五节《加快完善社会主义市场经济体制》。

难，其土地出让金会受到很大冲击。所以地方政府基于短期利益考虑，一般都是抵制对个人住宅开征房产税的。而且一旦纳入税收，预算刚性也会束缚地方政府的手脚。只有中央政府能够超脱短期利益，从完善地方税制视角，通过统一的中央立法解决改革阻力问题。

其次，房产税试点给我们的第二个启示就是要因地制宜，赋予地方一定的自由裁量权。中国是一个政治、经济发展不平衡的大国，中国的社会矛盾已经由"人民日益增长的物质文化需要同落后的社会生产之间的矛盾"①转化为"人民日益增长的美好生活需要和不平衡不充分的发展之间的矛盾"②。改革开放发展到今天，中国社会已经摆脱了整体上贫穷的面貌，但是这个发展是不平衡不充分的。这里的"不平衡"实际上包括不同地区的差异，而且也包括同一地区不同人群的差异。由于中国地广人多，不仅仅东中西部差异巨大，而且即便在不同的省份之间，甚至省内不同地区之间都差异巨大。所以房产税的立法虽然应该走全国统一立法的路径，但是对于不同地方则应考虑予以适当区别对待，较为现实的考虑是赋予省级人大在税率、免税范围等要素方面一定的自主权。这次房产税试点，重庆和上海采取不同的策略所取得的效果就不同。上海的房产税试点主要针对增量房，属于典型的"老人老办法，新人新办法"，而重庆在别墅领域就不区分存量增量一律征税。

但是，重庆和上海房产税试点有一个重大缺陷，就是不区分产权人的支付能力。有研究利用中国家庭金融调查（CHFS）数据测算了城镇家庭房产税支付能力，发现在各种税率设计和扣减面积的征收方案下，均存在一定比例的低收入家庭无力支付税款。③中国的商品房市场是在 1998 年房改之后逐步建立起来的。尽管我们已经房改将近二十年，但是在住房市

---

① 参见十一届六中全会通过的《关于建国以来党的若干历史问题的决议》。

② 参见《决胜全面建成小康社会　夺取新时代中国特色社会主义伟大胜利》第一章《过去五年的工作和历史性变革》。

③ 参见刘金东、丁兆阳：《我国城镇家庭的房产税支付能力测算——兼论房产税充当地方主体税种的可行性》，《财经论丛》2017 年第 6 期。

场这个领域，我们的住房性质还是非常复杂的构成，存在着房改房、经济适用房、两限房、回迁房、共有产权房、自住商品房、商品房等多种形式。这些房子都是拥有产权的，但是除了商品房是按照完全的市场价格购买之外，其他的住房形式都带有或多或少福利性质，即以远低于市场价购买。购买福利房的人群多是体制内干部和工人。这些人普遍存在收入不高、年龄偏大的情况。[①] 如果按照房子今天的市场价格（尤其是一二线城市）征收房产税，即便只是年度 1%，那对于这些普通干部和工人来说也将是灭顶之灾。按照纳税人的给付能力来课税，也是量能课税原则的要求。即税法要考虑到每个人的能力的差异，保障纳税人的基本生活权利。

四、国外房产税的历史性考察

实际上中国所有的税制改革均是借鉴国外经验而来，那么房产税也不应该例外。虽然，今天地方财政压力巨大，缺乏主体性税种，但即便开征，也需对房产税在国外的历史经验和教训进行充分研究，从而避免走弯路。

OECD 国家普遍开征了房产税，但是房产税占地方政府的税收比例差异较大。OECD 成员国家的财产税占地（州）以下地方政府税收比例，虽然英国、澳大利亚等国家财产税占到了地方政府税收的 100%，但也有相当一部分国家如韩国、德国占比不足 20%，韩国地方政府税收主要来自于货劳税和资本交易税，德国地方政府税收则主要来自于所得税。[②] 根据美国政府统计普查数据显示，自 1932 年到 1999 年，房产税占州以下地方政府自有一般收入的比重从 82% 持续降低至 40%。这也意味着房产税在地方财政中占比较高的国家其实主要是英联邦国家。而在德国、美国这样

---

① 甚至很多房改房的产权人都是已经退休的老职工。这部分群体普遍存在收入偏低、年龄较大的情形。

② 参见刘金东、丁兆阳：《我国城镇家庭的房产税支付能力测算——兼论房产税充当地方主体税种的可行性》，《财经论丛》2017 年第 6 期。

的联邦制国家，由于中央政府的权力较大，所以房产税在地方财政收入中的比重较低。尤其是德国越来越走向一种共享税制。从西方发达国家的这个数据来看，房产税占地方财政收入比重往往与国家制度有关。如果是比较松散的英联邦国家，其地方（州）的自治权很大，则房产税往往占到其地方（州）的财政收入的很大比重。

（一）韩国不动产税制之变迁

同属于东亚文化圈的韩国的不动产税的发展变迁，对于中国有很大借鉴意义，因为韩国的不动产税的初衷与今天的中国很相似。韩国在20世纪80年代经济起飞之后，经济迅速发展，出现大量土地投机现象，社会差距急剧扩大。为了解决这个问题，韩国在1986年制定了土地过多保有税，并在1990年制定了综合土地税（针对空闲土地），而对住宅则课征财产税。由于分离课税效果不明显，2005年韩国政府进行了《地方税法》改革，将之前的财产税与综合土地税进行了合并，通称为新财产税。[1] 综合不动产税制对于高额不动产持有者适用比地方税高的税率，其目的为加强关于不动产保有的税负公平，使不动产市场价格更加稳定，实现地方财政的均衡发展。这一点其实和今天的中国很相似，最紧要的目的是稳定房价并调节收入分配，最后才是为地方政府组织收入。

除了税收目的之外，在纳税义务人、课税标准和税率等方面，韩国不动产税制均有不少可借鉴之处。比如在纳税义务人方面，韩国不动产税制并不局限于不动产登记簿之记载，而是结合实质课税原则。当不动产之实际拥有状况与登记簿不相符合时，应以实际状况为准。韩国在设定课税标准时则适用市场价格标准额，市场价格给予公示地价和个别住宅价格来设定。韩国不动产税制在税率方面也是区分别墅和普通住宅，对别墅适用4%的高税率，而对其他住宅则适用0.1%—0.4%的四阶段超额累进税

---

[1] 参见张学博主编：《改革与立法关系研究——从税制改革切入》，中国社会科学出版社2017年版，第106—107页。

率。① 通过这样的税率安排可以起到调节收入分配的功能，也符合量能课税之税法原则。

（二）德国房产税之变迁

德国房产税具有明显抑制投资的色彩。德国房产税率由《房产税法》统一确定为（3.5%），再乘以地方税率。虽然德国房产税几乎对所有房产征收房产税，但对于自有自用的住宅却只征收土地税；而若房屋出租，则需要缴纳租金的 20%—49%；对于用于出售的房屋，则不仅需要缴纳交易税（3.5%），还需缴纳不动产税（1%—1.5%）与盈利差价税（15%）。②

德国房产税最大的特点就是明确将房产视为刚性需求而非国民经济的支柱产业。除鼓励自建房、合作建房，打破开发商对房屋供应的垄断之外，德国在房地产购置、保有、租赁、销售等环节设置高税制遏制炒房。德国房产税中最有特点的制度就是采取减免税和其他奖励方式以降低所得，鼓励私人建房："一是建房费用可在最初使用住宅的 8 年内折旧40%；二是申请建房的贷款可从应纳税收入中扣除；三是免征 10 年地产税，并在购买建房地产时免征地产转移税。"③

总而言之，德国房产税制简单而标准统一，而且采取了大量减免税制度来激励自助建房，并对炒房通过多环节的税制进行遏制，所以德国的房价在全世界都比较稳定。如果以调控房价为目的，可以考虑借鉴德国的房产税制度。

（三）美国房产税之变迁

美国房产税起源于殖民时期，最早建国的 13 个州中有 15 个州对不动

---

① 参见《韩国地方税基本法》第 141 条，转引自张学博主编：《改革与立法关系研究——从税制改革切入》，中国社会科学出版社 2017 年版，第 122 页。
② 参见宋怡欣：《从发达国家房产税经验看我国的房产税试点》，《湖北民族学院学报（哲学社会科学版）》2013 年第 5 期。
③ 魏呈呈：《英美德日韩房产税经验借鉴与启示》，《财经界（学术版）》2016 年第 3 期。

产都保有课税。经过长期的发展和完善，房产税已成为美国地方政府稳定的收入来源，为地方经济建设和公共管理提供了物质保障，也为国家经济结构的调整发挥了引导作用。①

纵观美国房产税历史，曾经两次受到大的挑战，很多学者曾经预测房产税会最终消失，但是到今天为止，房产税仍然是美国地方政府最主要的收入来源。一方面的原因是房产的不可移动性使其成为地方政府最便利征收的税收对象，另一方面美国的房产税减免制度使得其遭到的抵制大大降低。经过几十年的发展，美国房产税的减免制度构成了美国房产税的最有特色的部分。

美国的房产税减免制度大致包括以下几类。一是基于纳税人特征来制定减免的制度，比如纳税人家庭规模、是否为残疾人、年龄、业主或租户、是否为家庭主要住房等特征。美国有 24 个州制定了针对老年人的特殊税收减免；4 个州对残疾纳税人减免有具体的规定。② 二是基于特定行为的房产税减免制度。像增加太阳能设施，属于绿色环保行为；残疾人房主增加无障碍设施属于生活必须等。以加利福尼亚州为例，该州先后出台了 7 个相关的提案，将一些改造、改建设施增值排除出税基价值计算范围。③ 三是基于家庭收入的房产税减免制度。基于收入减免制度的核心思想是：当税负占家庭收入的比例超过规定比例时，启动减免措施，减少税款占家庭收入比重过高的纳税人税负。也就是说，基于收入的减免制度是在减免额和申请人家庭收入之间构建一种反向关系。④ 四是基于房产本身性质的减免制度。佛罗里达州《拯救我们的家园》法案和 1 号补充案将住

① See Mikesell , J.L., "Property Tax Stability : A Tax System Model of Base and Revenue Dynamics through the Great Recession and beyond ", *Public Finance and Management* 13 (4) , pp.310–334.

② See Barrows , R.L.,"The Distribution of Tax Relief Underfarm Circuit—Breakers : Some Empirical Evidence" , *Land Economics, 2013,* 64 (1) , pp.15–27.

③ 李明：《美国房产税的税收限制政策及制度变迁分析》，《税务研究》2017 年第 6 期。

④ See Cho, S.H., "Impact of a Two-Rate Property Tax On Residential Densities", *Ameri can Journal of Agricultural Economics, 2013,* 95 (3) , pp.685–704.

宅分为三类：自住、出租和度假住宅，其中自住基本住宅可以享受 5 万美元的免税税基，同时其评估增长限制为 6 %。[1] 除了以上之外，美国房产税制度中还有基于物业价值、所有权性质变更等房产税减免制度。[2]

纵观世界各国的房产税制度，不仅是韩国和德国，包括英国和美国，都有几个共同的特点。首先，是房产税均为地方政府之专有税收收入。其次，房产税均是宽税基，但是设置了大量的减免税制度，除了对非营利机构事业免税外，对于涉及基本生存权的住宅以及低收入群体，均设计了相关的减免税制度，契合量能课税原则。最后，房产税之使用多用于改善民生基础设施，改善居住环境，通常未将调控房价作为首要目标。

五、中国房产税制度设计之前瞻性思考

经历了重庆和上海房产税 6 年试点，围绕着房产税的是与非正在激烈辩论。征还是不征？这是一个问题。随着中国社会从站起来到富起来，再到强起来，相当多的民众拥有了一定数量的房产。反对房产税最激励的自然是拥有房产较多的民众。从世界各国的经验来看，由于不动产的固定性，使其成为地方政府最便利征税的对象。流转税天然属于一种共享税，因为商品的流通使得无论是哪个地方将其独占都不公平。随着现代市场经济的发展，企业和人员流动的增强使得所得税按属地原则征收也失去了绝对合理性，唯有不动产之上的财产税在任何一个国家均属于天然的地方税种。随着中国城镇化的狂飙突进的 20 年的过去，未来中国将是城乡一体推进。党的十九大报告明确提出乡村振兴战略，[3] 意味着单维度城镇化的时代已经过去。

---

[1] See Anderson , N.B., "Property Tax Limitations : An Inter–Pretative Review", *National Tax Journal, 2006,* 59（3），pp. 685–694.

[2] 参见米旭明、黄黎明：《美国房产税减免制度的演进及其政策启示》，《经济学动态》2016 年第 8 期。

[3] 参见《决胜全面建成小康社会 夺取新时代中国特色社会主义伟大胜利》第五章第三节。

城镇化仍将继续，但将以城市群为主体构建大中小城市和小城镇协调
发展的城镇格局。这意味着也许少数一些城市和特大城市也许房地产价格
仍然会不断上升，但多数中小城市房地产价格快速上涨的时代即将结束。
这意味着过去 20 年地方政府所依赖的土地财政无法再继续维持下去。那
么未来地方政府必须寻找到一个或数个稳定的税种来支撑地方财政和地方
建设。2016 年资源税改革、2016 年环境保护税法实质上都是为地方开拓
新的税种。但是不论是资源税还是环境保护税都无力构成地方政府的主体
性税种。因为不是每个市县都有资源，也不是每个市县都会出现污染问
题。也许有人会认为德国的房产税并不构成其地方税收收入的主体，但很
多人可能忽视了德国已经是一个成熟的发达国家，而中国还是一个基础设
施都尚未完成的快速建设中的发展中大国。仅仅依靠中央财政的转移支
付，只能是维持国家机器的基本运转。这实际上都意味着不论是否有人反
对，最现实的考虑就是尽快开征针对普通居民住宅的房产税，才能保障未
来地方政府财政之需要。现在的问题不是要不要开征房产税，而是开征什
么样的房产税的问题。

首先，不论开征什么样的房产税，中国之房产税应落实税收法定原
则，由全国人大来主导此项立法之议程。不论是西方发达国家房产税之立
法经验，还是重庆和上海房产税立法试点之教训，都使得中央采取集权之
立法模式为上上之选择。在中央集权立法之前提下，法律授权各省在一定
范围内的裁量权，是目前比较现实之考虑。

其次，基于中国的土地公有制，中国目前有两种房产税立法模式：一
种是向韩国学习，采取房地合一之综合财产税模式；一种是沿袭目前的城
镇土地使用税和房产税并立制度。如果从抑制投机的角度出发，则可考虑
采取韩国的综合财产税（即房地合一）模式，能起到抑制炒作土地的功能。
因为房价居高不下的原因主要是地价高，而地价高的原因主要是政府限制
供地和开发商捂地。如果是单纯组织财政收入，则可考虑沿袭目前之城镇
土地增值税和房产税并立的制度，将房产税修改并上升为法律即可。从实
践操作性和地方政府之意愿则考虑后一种模式，从长远税制和民众考虑则

可选择房地合一之立法模式。

再者，房产税之征收对象应为存量房，而非单纯新购住宅。从世界各国房产税之经验，以及重庆和上海之房产税试点，均表明房产税之对象应为所有存量住宅，否则不仅违反公平原则，而且无法起到调控房价、完善税制并组织财政收入之任意一个目标。如果决定开征对个人住宅的房产税，就应遵循税法之基本原则，税收法定和税收公平原则。

然后，房产税之征收应充分考虑财政再分配之功能。对于中国而言，目前经济总量稳居世界第二，且有超越美国成为世界第一之势头。所以今天中国的社会主要矛盾已经转换为"人民日益增长的美好生活需要和不平衡不充分的发展之间的矛盾"。[1] 不平衡的矛盾包括多方面的不平衡，一个主要的方面就是财产收入分配不公。当前国人最主要的财产形式就是房产。有人为一套房而苦苦挣扎，有人则坐拥数十套甚至数百套房产过上了地主的生活。只有通过房产税的方式，对于住房持有成本进行提升，才可能减弱这种财产分配不公的社会现象。因为一旦开征房产税，则那些持有数十套甚至更多房产的人将不得不抛售房产，则会尽量抑制投机炒房的人群，鼓励大家更多从事实体经济，而不是囤房炒房。

还有，房产税之开征，必须符合量能课税之原则，建立按照财产和收入来区分的房产税制度。一般来说，应根据房屋之面积实行累进税率。另外就是要借鉴美国之经验，建立减免税制度。前文已经分析过，不同人群的纳税支付能力必须考虑到。比如老年人的房子较大，但可能支付能力反而较弱的问题。具体到中国，则更为复杂。我们的住房是多轨制。那些体制内老职工的住房往往是房改房，如果按照市价计算房产税，则很可能超过其支付能力。所以必须结合中国之国情，制定相应的减免税制度。比如个人所拥有的唯一住房，不论面积多大，可考虑予以免税。另外对于那些弱势群体的住房也应考虑予以免税。对于普通人群，也应考虑按照套数或

---

[1] 参见《决胜全面建成小康社会 夺取新时代中国特色社会主义伟大胜利》第一章《过去五年的工作和历史性变革》。

人均面积予以减免。同时，也应根据家庭收入和住宅的性质建立相应的减免税制度。这方面，美国的房产税制度有着十分丰富的经验可以借鉴。

最后，如果考虑到调控房价之目标，则应借鉴德国之房产税制，鼓励自建房，对住房买卖开征住房交易税，并实质开征土地交易所得税。虽然按照《中华人民共和国个人所得税法》，房产二手房交易应该征收个人所得税，但实践中房屋产权取得满五年的免征，未超过五年的按房价 1%或房屋原值—房屋现值差额的 20%缴纳。实践的操作使得税费很低，房产交易的成本很低，进一步鼓励了房地产业的投机炒作现象。如果真正决定调控房价，则可以考虑取消此五年免征之政策，并一律按照房屋原值与现值差额的 20%缴纳个人所得税。但此项政策一出，对于房价影响极大，如果考虑到银行等金融机构与房地产业关系之紧密，则要慎重考虑。

第三部分
域外税收立法模式实证研究

第八章　美国税收立法的主要模式 [1]

税收制度直接影响着纳税人的利益、关系着社会的安宁稳定和国家的经济发展。结构合理、运行有序的税收制度需要科学的税收法律体系，而这种体系的基础就是一种建立在基本国情基础之上的税收立法模式。国家税收法律的权威性的基础建立于科学的税收立法模式。在独特的国体下，美国的税收立法模式具有浓重的联邦特色，不仅具有合理的税收立法权力配置，也具有科学严密的运行程序。两者的完美结合造就了复杂而又精巧的美国税收立法模式。

一、20 世纪以来美国税收立法的历史观察（以税制改革为切入点）

美国税收制度的繁杂程度和它的科学性与先进性是成正比的。这种科学性和先进性依赖于税收立法的引导。立法发挥引领和带动作用，对加强和改进美国税制、完善税收法律制度意义重大。[2] 为避免就立法谈立法导致的晦涩难懂，本章节以美国几次比较典型的税制改革为切入点，来观察20 世纪以来美国税收立法的发展。就美国来说，新中国成立以来共有过大大小小的经济衰退 50 次。[3] 从 1954 年税制改革到 20 世纪 80 年代里根政府的税制改革，再到目前甚嚣尘上的特朗普税改风波，历次税制改革都

---

① 本章的大量基础性文献收集整理工作由孙娇阳硕士完成，特此表示感谢！

② 参见张学博主编：《改革与立法关系研究——从税制改革切入》，中国社会科学出版社 2017 年版，第 73 页。

③ 参见刘瑜：《观念的水位》，江苏文艺出版社 2014 年版，第 149 页。

有着特定的历史背景、各有侧重的改革措施和出于对时局的改革目的。通过分析回顾不同时期美国的税制改革措施，我们可以看到美国税收立法的大体发展趋势和侧重点转变。

（一）1954 年的税制改革

朝鲜战争为美国经济带来短暂的繁荣，这种发战争财的经济浪潮明显后劲不足。朝鲜战争结束后，美国政府的军事订货大幅减少，这造成重工业部门生产的急剧下降，很快重工业领域内的动荡迅速波及所有的工业领域，并蔓延到社会生活的各个角落，引发了一场大规模的生产过剩危机。

危机最突出的表现是工业生产的持续下降和产业低萎。首当其冲的就是重工业部门，据不完全统计，钢铁部门的生产在这次危机中下降了 28.9 个百分点，造船业、采矿业也都受到了不同程度的严重影响。经济危机下，失业人口数量逐月增加，失业率直线上升，不仅大批工人失业，就连国家机关的大批工作人员也被解雇。由于商品滞销，大量货物堆积和大型垄断企业的挤压，使得许多中小企业不堪重负，纷纷倒闭破产。尽管同时期美国的消费物价指数和批发物价指数波动不是很大，股价波动也算正常，但是不得不承认这场由生产过剩所引发的经济动荡对美国经济造成了很大的冲击。

当时艾森豪威尔总统刚刚上台不久，为了尽快稳定局面，挽救国家经济，政府决定进行税制改革，通过采取减税、减免垄断资本等"反危机"措施来挽救这场由严重的生产过剩所引发的经济衰退。进行税改的第一步工作就是进行税法修订。1954 年 1 月 1 日美国开始施行的《税收改革法案》就对 1939 年制定的《国内收入法典》进行了修订。这次税法修订虽然由艾森豪威尔主推，但历经国会两院的激烈讨论和表决，从宏观上把握当时美国经济面临的困境，综合共和党和民主党的主张，力求通过税改刺激经济复苏。法案取消了战时实行的"公司过分所得税"，减免 10% 的所得税。这项措施企图通过减小垄断资本家的纳税压力，促进产品消费来缓解社会经济衰退。法案在这一时期确实减轻了垄断资本家税负压力，但另一方面劳动人民的税收负担却被加重了。据《美国新闻与世界报道》："年收入在2000到3000美元的美国四口之家的税收负担，1954年比1953年增加了10美元以上。"可以见得这场挽救性质的"反危机"改革，虽然对美国的经济起到了一定的刺激作用，但是也在追求预期目标的同时加深了垄断资本对于社会普通民众的剥削程度。

（二）1986年税制改革

以"降税率，拓税基"为主要标志的美国，在1986年税制改革中一直备受称赞。这场税制改革的彻底性可以说是美国二战以来任何一次税改都无法比拟的。不仅深刻影响了美国社会的经济运行，而且这场改革还引起了全球的广泛关注，掀起了一场全世界范围内的税制改革浪潮。这次改革的主要目的在于降低边际税率、扩大税基、简化税制、提高税收的公平性，在保持适当税收中性的同时，维持不同收入阶层之间税负的分配状况。

这次税改同样是立法先行，通过制定税收法案，将立法意图融入税改措施之中。《1986年税收改革法案》是在美国的税制改革中具有里程碑式的意义的。1986年的税收立法在很大程度上简化了美国的所得税制，推动了美国比例税制逐渐取代累进税制，同时这次税收立法试图传播一种全新的税收理念，即政府在税制中的角色定位不再是管理者而是一种中性的角色。通过"简化"和"公平"两大手段来刺激美国经济的增长，是这次税收制度改革的目的。《1986年税制改革法案》中将个人所得税税率改为15%和28%两个档次，最高税率下降到了28%。新税法在较大幅度上提高了个人减免数额，标准扣除上也发生一定的变化。在企业所得税上，税率得到了大幅度的调整，由原本的46%下降到了34%。除此之外改革还限制了抵押税收和免税债券的发放行为，取消一些税收扣除等等。整个改革都表现为税收的中性和对于公平税收状态的追求。实践证明，里根政府推行的这次税制改革基本达到了其改革的目的，使得美国民众从越南战争的失败中重拾了自信心，刺激了美国经济的发展，提高了人民的生活水平，为美国今天高新技术的发展注入了"催化剂"。① 这场改革之后，"宽税基、低税率、少优惠"成为美国税收制度的一个主要方向。

（三）特朗普税制改革大纲

在特朗普担任美国总统之后，其最受瞩目的政策就当数他的税收改革计划了。外界普遍认为，这份长达429页的税改议案一旦通过，将成为美国历史上自1986年税改以来最大规模的税收制度改革。这份名为《改革我们破碎税制的联合框架》的税改方案，由美国白宫、众议院税收委员会和参议院财政委员会共同制定，反映出一府两院中占多数的共和党成员的意见，旨在通过税收立法让特朗普倡导的"简化税制、降低税率、创造公平市场条件、诱使美国海外资产回流的税改"的"四原则"成为具有法律效力的税改原则。方案包括了个税提高免征额、减少区间、降低最高税率、公司税调降税率等。具体来说，在个人所得税方面，规定将原有的档级改为3级，税率下调。提升个人和家庭申报抵扣额。同时取消遗产税。企业所得税方面，降低企业所得税，特别是大幅度调低中小企业所得税最高税率。由于企业所得税的降低，第199条中的部分企业所得税抵扣将被取消。另一项重要规定就是实行属地税收制度，对有海外盈利的美国企业，在海外利润汇回时，对其征收全球范围内享有的最低税率，此外还将对于未汇回的海外利润征收一次性付税。②

对于特朗普的这次税制改革，市场普遍认为可能会刺激美国经济的增长，但是也有人担忧这次税改是否会造成原本就已经债务缠身的美国政府的财政赤字进一步扩大。11月可以说是这次特朗普税改最重要的时间窗口期。根据之前美国两党达成一致的结果，美国政府的债务期限的上限已经被延后三个月，即最晚必须在12月8日得到解决。因此12月8前如果不能解决联邦开支和债务上限问题，美国政府将面临停摆，届时税改议程

---

① 参见杜萌昆：《八十年代美国税制改革的回顾与思考》，《国际税收》2001年第4期。
② 参见《特朗普税改哪些你需要知道》，《网易教育》2017年10月17日。

必将延后。11 月 2 日，美国众议院公布的税改法案的详细内容再一次引起了各界的广泛关注。在围绕着既有的下调企业税、逐步取消遗产税、取消替代性最低税等多个方面的内容，这份法案详细地介绍了税改细节问题，力图通过这次税改为美国富人带来新的好处。但是税改要点公布后，美元指数短线却出现了下滑，刷新了一周以来的新低。就目前的形势来看，特朗普能否取得首个重大立法胜利，还要看美国国会的激烈辩论与表决结果。而且一旦这项税改法案获得通过，具体实施后是否可以取得预想的结果，成功回笼海外资本，是否会对美国的经济产生刺激性影响，也有待于进一步的观察。

二、美国税收立法的主要模式

（一）美国税收立法的基本原则

税收制度的设置应该遵循什么原则是美国社会一直探讨的问题。西方经济学家普遍认为"理想税制原则"主要包括：效率、公平、稳定、增长与管理五个方面。而美国的税收立法则尤为看重公平与效率。美国社会的税收公平主要包括了横向平等与纵向平等；效率则主要包括了税收额外负担最小等内容。横向平等主要是指境况相同的人，在税收待遇上平等。简单理解为我们平常所说的相同情况相同对待。美国的第 14 次宪法修正案把横向平等写进了美国宪法：任何基于种族、肤色或是宗教信仰不同而实行歧视性的税制要被认定是横向不平等，是违宪的。① 纵向平等是指按照支付能力来确定赋税的多少。支付能力高的人应比支付能力低的人负担更多的税。一般说来，税收的效率就是尽量减少超额负担。超额负担指的就是由于税制对经济的扭曲，导致的福利损失大于税收收入的部分。要避免

---

① 财政部《税收制度国际比较》课题组：《美国税制》，中国财政经济出版社 2000 年版，第 11—12 页。

超额负担，就应该合理考虑社会各阶层的支付能力，遵循一定的可支付原则。

从美国目前的情况来看，促进公平将是美国税收立法所要长期追求的目标和遵守的原则，但是效率也是其追求的一大目标。而且从特定的历史时期来看，立法者为了实现特定的政策目标，应对时局，在一些特殊时期也会将效率作为其税收立法的首要目标。

在很多的西方经济学文献中，效率原则也被称为"税收中性原则"。与此相对应，也存在着"税收非中性原则"。"税收非中性原则"也可以被称为经济增长原则。纵观美国税收历史上的历次税制改革，不难发现美国的税收立法一项很重要的原则就是促进经济增长。经济增长原则的目的就在于在尽量减少对有利于经济增长的市场条件的干预的同时采取有效的措施对经济增长进行刺激。特别是在经济危机、市场萧条的情况下，合理的税收立法将对社会经济的复苏和市场经济秩序的稳定起到巨大的刺激作用。这也就是经济危机往往伴随着税收制度改革的原因。

（二）美国税收立法的权限划分

美国税法的主要来源如果按照其制定的主体来划分的话，主要有三种，即立法机关颁布的法律、执法机关公布的解释和司法机关的判决。其中立法机关颁布的法律主要包括宪法、税收协定、美国国会颁布的法律。有时国会委员会对有关法律的解释也可以被认定为是立法机关制定的法律范畴。从纵向角度看，与美国的联邦制分权体系相适应，美国的税权划分采用的也是中央与地方分权的形式，这种分权主要可区分为三级：联邦、州和地方都分别拥有自己的税收立法权、征收权和管理权。

在美国，联邦、州和地方各自拥有自己的税收相关机构，但是这些机构并不存在上下级关系，只是需要保持相互沟通和协作。联邦、州和地方根据自己的权力，征收税种。在联邦一级，众议院税收委员会有权提出税法议案，该议案需要先后经过众议院和参议院审议并表决通过后，才可以提交总统，由总统决定并签署才会形成税收法案。现实操作中，有时为了便于执行税法，财政部会对税收法案的具体情况进行解释，制定一些具体的规章制度。但是这些规章制度是不具有法律效力的。联邦制度下美国各州都拥有独立税收立法权，地方一级除按照州的规定进行征税外，有权制定地方税方面的法律。其中最主要的就是财产税，也包括一定的个人所得税和营业税。在美国的三级税收体系中，联邦税收立法是居于统帅地位的，一定程度上控制和影响着州和地方的税收立法。具体表现为：美国宪法规定州的立法不得与联邦税收立法相抵触；个人所得税和公司所得税开征的税基都需要按照联邦税法的规定来确定；州和地方的税收的优惠和让渡需要由联邦税法来给予。

（三）美国税收立法的程序

1. 美国联邦税收立法程序

美国的联邦税收立法程序始于动议提出，这种动议提出通常由财政部在进行一定的准备工作后提交给总统的提案。一般来说接下来还要经过众议院的讨论表决，参议院的辩论表决，联席会议委员会的协调修改和总统决定的过程。具体过程分为：

（1）税法动议的提出

通常，首先由财政部门提出税收立法的建议，财政部门要为此做出一定的准备工作。这一部分的准备工作通常由财政部主管税收制度的副部长负责监督，领导税收分析局、税收立法顾问局、国际税收顾问局来从事具体的工作。对于财政部门提出的建议，总统会召集相关人员从专业的角度进行分析与修改，形成一份更为清晰的方案。下属的经济顾问委员会和管理与预算办公室会协助总统做出是否进行改革的决定。一旦总统决定要进行改革，那么接下来的一年甚至更长的时间内，财政部将为此做准备，以便能够向总统递交一份较为完善的方案。递交后，方案会在总统的主持下经历新一轮的审查与修改。由于美国的民主制度的高度发达，一旦总统向国会披露他的税改提案，就会引起全国范围内各行各业对于税收改革方案的讨论。这种社会各界的讨论在某种程度上类似于我国的立法草案广泛的意见征询。这样一来，这一方案的弊端将会暴露在公众面前，人们对方案进行讨论并发表各自的建议，同时也引起方案设计者的高度重视，以此推动后续细化的改革方案的修改和完善。

(2) 众议院的讨论与表决

在总统提出税收提案之后，根据美国的宪法规定，这份提案将会被递交到众议院。首先众议院的税收委员会会为此举行一次听证会，专门用来审议这份提案。美国众议院的税收委员会主要负责众议院对联邦的财政、税务、关税、贸易、健康、福利和社会保障等工作的立法事宜。税收委员会成员由多数党与少数党以2∶1的比例组成。在举办听证会后，根据税收委员会形成的决议，众议院的立法委员会起草一份提案，同时税收委员会也会准备一份详尽的报告。提案和报告都准备好后，由税收委员会递交到众议院，众议院会就该提案进行激烈的讨论，并做出是否反对提案的投票表决。按照历史惯例来说，提案通过的概率是极高的，很少有众议院反对的情况发生。

(3) 参议院的辩论与表决

在众议院通过提案之后，提案被递交到参议院。参议院内负责税收事务的是财政委员会。财政委员会主要负责参议院内的税务、贸易、健康、社会保障和其他财政事务的立法工作。在收到提案之后，财政委员会首先要做的也是要举办一次听证会。听证会的内容、程序与众议院举办的听证会大同小异。通常听证会结束之后，委员会会对提案进行激烈的讨论，并对提案进行较大程度的修改。财政委员会达成统一意见之后，会向参议院做报告并递交提案。参议院对提案进行新一轮的讨论。一般来说参议院的讨论是相当激烈的，讨论结束后，要对财政委员会提交的提案进行修改，直到所有讨论者基本满意，才能进行参议院的投票表决，表决失败的话，提案会被撤销。如果参议院没有对提案做出大的修改，也就是说两院的议案相同，那么提案将会直接递交给总统，由总统决定是否立法。通常情况下，参议院会对提案进行大幅度的修改，而众议院会对于参议院这种大动干戈的修改表示不满。这时为了解决两会之间的分歧，就需要经历下一个特别的流程。

（4）联席会议委员会的协调

在两院无法形成统一意见的情况下，接下来登场的就是两者的协调机构——联席会议委员会。联席会议委员会的成员通常由参议院议长和众议院发言人提名众议院税收委员会和参议院财政委员会总共 12 名成员组成。[1] 就两院内部来讲，通常是会派出三名多数党和两名少数党参会。联席会议委员会为了能够让两会达成一致，会对两院就提案产生的差异进行协调。若通过联席委员会的协调解决，两院最终达成妥协，通过后的提案将会被递交给总统。一旦这种调解失败，那么提案作废。

（5）总统的决定

一般来说，经过众议院、参议院、联席会议委员会的层层讨论到达总统手中的提案可以说已经相当完善，但在美国这份提案并不会被直接通过，形成法案，而是面临 10 天的审查期。总统在接到提案后要在有效审查期内，组织各部门及相关人员对提案进行分析评估，管理与预算办公室将各方意见进行汇总。总统与官员们就这些意见进行商谈，最终做出是否批准的决定。一旦批准，这份法案就顺利成为美国税收法律的一部分。但一旦总统否决了国会提案，这项法案就要重新退回给国会，由两院进行重新表决。重新表决只有达到法定多数，法案才可以最终生效形成法律。如果国会的表决没有达到 2/3 以上多数代表的同意，那么法案就彻底作废了。

2. 美国州一级税收立法的程序

美国各州的情况是有所不同的，存在着两院制与一院制的差别。但在税收立法程序上是与联邦税收立法程序相似的。也要经过税收立法动议提出、众议院审查表决、参议院审查通过、州长签署决定四个步骤。不同的是在动议提出上，在州一级，州政府、参议员、众议员都有提案权。参议院和众议院对于提案的审议、讨论与表决程序与联邦议会的税收立法程序

---

[1] 《美国联邦税法体系和立法程序》（2015 年 11 月 11 日）。

大致相同，只是在细节上有细小的差别。所以在这里不多作赘述。

三、美国税收立法的实证研究

（一）美国税收立法模式的特点

法系是若干国家和特定地区的具有某种共性或者共同传统的法律的总称。[①] 法系的范围受划分标准的影响，在这里我们采用目前国内学者比较赞同的两大法系的划分方法，也就是将全球范围内的国家和地区划分为两大法系，即英美法系和大陆法系。英美法系又称为普通法法系。泛指以英格兰法为基础、以判例法为主要法律渊源的国家和地区的法律制度。属于这一法系的主要国家有英国（除苏格兰）、美国、澳大利亚、加拿大（除魁北克）、新加坡等国家和地区。而大陆法系又称为民法法系、罗马日耳曼法系。是以罗马法为基础，以《法国民法典》和《德国民法典》为蓝本的各国法律制度的总称。属于这一法系的主要国家有法国、德国、荷兰、西班牙、葡萄牙等国家，也包括了亚洲的很多国家和地区。中国就属于大陆法系国家。通过对比美国税收立法模式与不同法系下其他国家的税收立法模式，可以更好地理解美国这样一种先进的税收立法模式所具有的特点。

1. 与英美法系国家相比（以加拿大为例）

美国隶属于英美法系，但即便在同一法系中，各国的税收立法模式还是存在着很多的差异。以美国的邻国加拿大（除魁北克）为例。加拿大同样属于联邦与地方税收分权的国家。加拿大的征税制度和美国类似，也分为三级，但这三级与美国的三级在名称上有所不同，分别是联邦、省和地方。值得注意的是，加拿大只有联邦和省才具有相对独立的税收立法权，

---

① 参见刘永艳：《全球化视角下的两大法系》，中国商务出版社 2003 年版，第 1 页。

地方税收立法权主要由省赋予。对比看来，美国的税收立法模式所赋予地方的立法权限更大一些，地方的自主性较强。

各地方可以根据自己的情况来制定符合地方经济发展的税收法律，例如财产税等。与加拿大税收立法模式相比，美国的税收立法模式更加强调制衡。首先，联邦与州之间是相互制衡的。联邦税法可以在州和地方得到实施，而且联邦税法在全国范围内起主要作用。同时州的议员们在税收立法过程中会首先考虑本州的利益，这样一定程度上就达到了州对于联邦的制衡。同时州与地方也是相互制衡的。尽管在美国，地方的税收立法权限相对来说有一定的自主性，但是在税收立法权限上，很多权限在州不在地方，地方税的立法权在州里行使，地方只有选择税率的权力。美国税收立法权限同样要受到行政权和司法权的制约，税收立法权在国会，但总统可以否决国会提案，而国会也可以在多数决基础上否决总统的否决，法院则可以对税收法律进行解释。在拥有税收立法权限的国会内部，众议院与参议院同样相互制衡。而且美国的两党制在一定程度上也会在税收立法方面相互制衡。

所以总结来看，美国税收立法模式中，赋予了州与地方很大程度上的立法权限，三级税收征收体系中税收立法权限是较为松散的，各自有着各自的立法范围，联邦税制不能代表州税，州税也不能代表地方税。其次，美国的税收立法更加强调了权力之间的制衡。利用权力制衡来防止某一范围内或者地区内的税收立法权限的腐败。

2. 与大陆法系国家相比（以中国为例）

由于法系背景的不同，在税收立法权限划分和税收立法程序、税种等多个方面，美国的税收立法模式与大陆法系国家都存在着较大的差异。[①]下面就以中国为例，通过中美税收立法的对比来进一步分析美国的税收立

---

① 财政部《税收制度国际比较》课题组：《美国税制》，中国财政经济出版社 2000 年版，"前言"第 2 页。

法模式。

由于美国实行的是与中国不同的法律体系，每一个立法、执法和司法主体制定和做出的涉及税收法律、法规和判例，都构成美国税法的一个组成部分。中美两国分属于大陆法系与英美法系，两国在国情、政体、所属法系上的区别使得两国在税收立法模式上存在着很多的不同点。中美两国在税收立法上的不同点有很多体现。① 首先，美国的税收立法严格遵循着宪法原则，在美国税收立法的权限和程序在宪法中都有着严格的规定，开征新税意味着要进行修宪。但在中国，《宪法》中有关于税收的规定只有第五十六条："中华人民共和国公民有依照法律纳税的义务。"而对于税收的其他规定主要集中于具体的税收法律之中。也就是说，在中国宪法中并不涉及税收立法权限和税收立法程序的具体规定。其次，中美两国的税收立法权限划分存在着很大的不同。一般来说，税收立法模式有着横向分配和纵向分配两种。横向分配有单一制、复合制和制衡模式。纵向分配有集权模式、分权模式和集权分权兼顾模式。中国与美国的税收立法都是以正式法律为主，以行政法规为辅。把税收基本法规和主体税种的立法权集中于中央，具体的法律、法规则允许地方在不违背中央税收立法原则的基础上自行立法。但是在纵向分配上，中国是属于集权模式，美国属于分权模式。两者的权力模式是截然不同的。再次，美国的税收立法程序与中国相比更为复杂，其税收立法程序涉及的环节多，同时每一个环节都渗透着两党之间的权力制衡因素和立法权与行政权的制衡因素，所以税收法案通过的难度是相当大的，反复的制衡和权力博弈必然带来效率的降低。

所以总结来说，与中国相比，美国的税收立法模式具有鲜明的联邦制色彩，在权限划分和程序运行上差异明显。在宪法规定上、横向分配与纵向分配上都体现着各自的政治背景、历史背景等诸多方面的背景因素。

---

① 财政部《税收制度国际比较》课题组：《美国税制》，中国财政经济出版社 2000 年版，"前言"第 2 页。

（二）美国税收立法模式的影响

一般来说一个国家的税收立法模式深受本国政治、经济、文化、历史因素的影响。但同时税收立法模式也会深刻影响一国的经济发展和社会稳定。美国的税收立法模式有着深刻的美利坚合众国联邦制与三权分立的政治体制的烙印。同时这样一个特色鲜明的税收立法模式深深影响着美国的经济发展。而作为世界第一大经济体，美国的税收法律也在一定程度上影响着世界的经济运行。

1. 对于美国国内的影响

美国的税收立法模式对于美国的社会影响可以说是巨大的。每一次的税收立法都影响着美国的经济运行、资本家的利益和人民的生活状况。通常情况下，税收立法最直接的目的就在于刺激经济发展、稳定社会秩序。美国的税收立法模式采用分权制的权限划分，有效地调动州与地方的税收立法的积极性，制定出的法律也更加切合当地的具体情况，对症下药。往往也就更能够切实解决当地的经济问题。而在面临全国范围内的经济动荡时，发挥主要作用的就是联邦税法。由于联邦税法制定过程的繁杂性，所以能够通过讨论与表决的税收法案，融合了国会参众两院的意见，更具有科学性，在应对经济衰退时更为强劲有力。但是另一方面我们也看到了美国税收立法程序环节之多，参众两院的对抗激烈，很容易造成法案的中途破产。即便不破产，这样一整套程序下来也需要大量的时间和人力物力，可以说立法成本较大，立法效率不高。同时由于美国的国家性质和社会阶层构成现状，很多时候为了大资产家的利益会一定程度上牺牲普通民众的利益，加重普通民众的生活负担。

2. 对于国际贸易的影响

美国现行税收法律主要依靠关税和公司所得税以及其他相关税种来调解美国与其他各国的贸易往来。作为全球第一大经济体，美国税收立法对国际贸易的影响是不容小觑的。关税调整是美国进行对外贸易调节的重要工具，关税设置一定程度上反映着美国与其他国家之间的政治经济关系，美国在全球经济上的国际分工，同时也一定程度影响着美国海外的经贸集团之间的贸易创造和资本转移，引导着市场资源，特别是海外资金的流向。作为贸易大国，美国的关税征收会带来一系列的国际贸影响，包括价格效应、生产效应、消费效应、税收效应、贸易条件效应等。越是贸易大国，这种影响的波及效应就越为明显。美国进口关税的高低影响着很多国家的商品进驻美国市场的销售价格和国际竞争力。另一个对国际贸易影响很大的税种就是一国的公司所得税。通过公司所得税来影响本国公司进而间接影响国际贸易。目前来看特朗普政府正在积极争取的税改中就企图利用公司所得税来回笼资金，鼓励海外资本大量流回到美国。此举意味着，一些以制造业为主的国家将会受到很大的冲击。由于美国海外公司遍布世界，如果一些常设在外的海外企业以非流动性投资形式流回美国，比如回国建厂或者整体迁出的话，那么许多依靠美国海外企业发展制造业的国家和地区将会面临大量的人口失业和经济下滑。

四、美国税收立法模式对于中国的借鉴意义

（一）借鉴美国税收立法模式可行性的理论与现实性基础

任何一种模式要拿来借鉴，首先要考虑的都是双方之间是否存在借鉴的可能性和可行性。这种借鉴的可行性也是我们目前讨论最热的一个问题。中美两国属于不同的法系，尽管两国有着国情、政体、所属法系等的区别，但分析美国法律体系中的税权划分及其载体，仍可为中国税法的立、改、废流程提供参考。[①] 要充分肯定美国的税收立法模式对于中国来

---

① 杨默如、李平：《美国联邦税法渊源的分类、效力及其启示》，《财政研究》2016年第 3 期。

说存在着借鉴可行性。这种可行性有着理论基础和现实性基础。

理论上讲，经济上的全球化催生着法律的全球化，我们至今没有一种对于法律全球化概念的统一意见。但是不可否认在经济全球化的背景下，各国间的法律存在着越来越多的借鉴的可能性。另外法律移植理论也赞同彼此之间的法律借鉴与吸收。通过借鉴美国的税收立法模式，考虑中国的现实国情，这种借鉴是可行的。

现实上讲，中国目前的税收立法存在着很多问题急需解决。完全依靠中国本土的立法思维，对于问题的解决是有一定的困难的，因而需要注入新的思维方式或者说借鉴模式。党的十九大上，习近平总书记又一次强调依法治国的重要性。在中国法治国家、法治政府、法治社会三位一体的法治建设中，我们对于财税改革的重视程度逐渐加深，而税收立法的模式建设与完善也必将迎来重要的战略机遇期。这就为借鉴和学习先进的税收立法模式提供了现实性基础。同时由于美国与中国都是大国，在贸易、经济、政治等多方面具有一些层面的相似性，所以对于税收立法的处理也是可以相互借鉴的。

（二）如何借鉴美国的税收立法模式

通过对于美国税收立法模式的分析，对于如何借鉴和发展中国的税收立法模式，我们可以总结为以下几点：

第一，要将税收立法分权真正落实到实处，合理划分权限，并形成权力之间的制约与平衡。虽然中国宪法规定了省、自治区、直辖市的人大及其常委会在不与宪法、法律和行政法规相抵触的前提下，可以制定地方性税收法规，但在实际的税收立法上，这一项规定并没有很好的实现。实际操作中，税收立法权限仍主要集中于中央，忽视了地方政府的税收自主性和积极性。借鉴美国的税收立法分权形式，找到适合本土的税收立法分权方案和制衡机制是未来中国税收立法模式建立所需要解决的一个重要问题。

第二，明确税收立法的解释权。在美国税收立法的解释权一般是属于法院的，当然有些时候为了便于税法的实施，财政部门也会对于一些税收法律制度的具体实施做出一定的解释。但在中国，税法的解释政出多门。不少地方政府为了促进本地区的经济发展，为了自身的政绩利益，以各种理由擅自制定税收优惠规章。造成区域间经济协调发展的壁垒高筑。所以这就更为迫切地需要一种明确并具有权威的税收立法解释来规范税收立法秩序，减少区域间的立法矛盾。

第三，规范税收立法程序。在美国税收立法的提案是由总统提出并经过国会讨论修改确定的。但是在中国税收法律是由行政执法部门起草的。某种程度上来说这是有违立法惯例的。应该建立起由人大法律工作委员会组织领导起草法案，并广泛地听取各个相关部门机构、政协以及专家对于草案的观点和想法，同时积极地向广大人民群众征求意见稿，增强立法工作的公开性和透明性，增强立法参与度。在接受意见进行修改的基础上提交全国人大或全国人大常委会审议通过后，最后以国家主席的名义发布实施。

通过分析美国税收立法分权式的权限划分和其充满制衡因素的立法运行程序，比较其与两大法系下其他国家的税收立法模式的异同，增进理解了美国税收立法模式的特点。目前正值美国特朗普政府推行税收制度改革的关键时期，这场意在"促增长、增就业、亲工人、惠家庭"的税制改革是否能够在国会表决通过、在全球长期需求不足，美国货币紧缩压力巨大的局面下，这场税制改革将为美国甚至世界带来怎样的影响，都是值得我们期待的。同时中国当前也处于财税改革的攻坚期，税收立法以及各种相关的规范性法律文件的建立健全也处于关键时期。在这样一个时期，审视美国税收立法的模式，具有非比寻常的意义。通过这样的审视，反思中国税收立法模式存在的问题，适度地借鉴美国的先进模式，对于解决中国目前新的社会矛盾，更好地满足人民对于美好生活的需求是具有重要意义的。

第九章　日本税收立法的主要模式 [1]

一、概念解析

（一）税收立法模式

关于税收立法模式，若从立法主体切入，一方面讨论的是纵向税收立法权的配置，即中央与地方的税收权限划分；另一方面讨论的则是横向税收立法权的配置，即立法机关和行政机关的分权问题；若从立法体系切入，税收立法模式可以分为：宪法加税法典的模式，宪法加税收基本法加各单行税法的模式，以及宪法加各单行税法的模式。[2]

（二）日本税收立法模式

虽然从两个角度切入，对于日本税收立法模式的分析会有不同的关注点，但进一步分析不难发现，这其中也有重合交汇之处。

从立法体系来看，日本的税收立法模式，属于上述的第二种，即宪法加基本法加单行税法。学习借鉴任何事物或经验时，若只是知其然，则容易亦步亦趋、邯郸学步；若能知其所以然，则可以具体问题具体分析并理性地汲取所需。因此，研究日本税收立法模式，与其简单罗列介绍日本当下的宪法，单行税法和基本法，不如分析其形成的历史背景和本质内涵，这样能让我们更好地理解其形成过程和逻辑，并从中汲取经验

---

[1]　本章的大量基础性文献收集整理工作由方瑜聪硕士负责完成，特此表示感谢！

[2]　参见李玉红、郭驰：《税收基本法的国际比较及经验启示》，《涉外税务》2006年第12期。

和启示。由于宪法中关于税收立法模式的规定并不多,背后的历史背景不如另外两者丰富,因此只选取更细致和具体的单行税法和基本法进行介绍和分析。

单行税法,即关于单独的税种的立法,每个税种的出现和发展以及不同税种之间的"博弈"都会影响着整个税收制度的结构,这个过程便是"税制改革",而各单行税法就是产生于对这些税种调整的需要。因此,研究日本税制改革,有利于我们更好地理解日本单行税法的背景和内涵。

税收基本法,是税法体系中的"母法",是对各单行税法的抽象和总结,在税收立法体系中承担着承上启下,衔接宪法与单行税法的重要作用,这也是中国税收法治进程中的急切需要。日本的税收基本法,内容主要是包括两个方面,一方面是以《国税通则法》为代表的国税体系,另一方面则是以《地方税法》为代表的地税体系。[①] 由此可见,日本税法基本法内容的实质就是中央与地方间的税收权限划分,即第一个角度所讨论的纵向税收立法权的配置问题,也是两个角度的重合之处。

综上所述,接下来从日本的税收立法体系切入,即从日本税制改革和日本中央与地方间的税收权限划分两个方面出发,对日本税收立法模式展开分析。

二、日本税制改革

(一)税制改革的历史沿革

1."肖普劝告"

二战后,美国在很大程度上主导了日本国内的战后重建工作,全方位的包括政治、经济、社会的改革使日本的社会秩序逐渐得到恢复。在日本

---

① 参见 [日] 金子宏:《日本税法》,战宪斌、郑林根等译,法律出版社 2004 年版,第 79 页。

经济改革方面，首先是美国底特律银行总裁约瑟夫·道奇先生于 1949 年
3 月发表了"道奇计划"，随后经过以卡尔·肖普博士为首的税制考察团 3
个月的调查研究后，《日本税制报告书》公布，即"肖普劝告"。概而言
之，"肖普劝告"主要包括以下三个方面的内容：①以直接税为中心的税制。
②推行申报纳税制度，取消税收优惠政策。③明确中央与地方，以及地方
上下级政府之间的税收权限，建立以独立税为主体的地方税制。^①1950 年，
日本政府以"肖普劝告"为蓝本进行了税制改革，虽然在具体的实践中对
"肖普劝告"的内容进行了部分调整，但基本体系仍然保留，这为之后日
本的经济重建和发展奠定了基础，其所确定的税制基本框架也一直沿用至
20 世纪 80 年代。

2. 租税特别措施

上文曾提到，日本政府在对"肖普劝告"进行实施落地的过程中进行
了部分调整，其中调整较大的是第二部分中的"取消税收优惠政策"，租
税特别措施就是这一调整的产物，即在不改变税制的情况下，实行临时性
的针对特定产业的减免税措施。这一措施在二战时就很盛行，当时的日本
政府通过进行税收优惠政策支持军工企业的发展，肖普博士在调研中发现
这一问题并提出这种税收优惠政策会导致不公正、不公平，遂在劝告中提
出"取消税收优惠政策"。但由于战后军国主义思想在日本仍然存在，以
及出于促进经济迅速恢复和发展的需要，日本政府还是在 20 世纪 50 年代
开始，广泛采取"租税特别措施"。日本部分产业和企业也因此迎来了短
暂的春天，但因此带来的"不公平、不公正"的弊端也逐渐显现。

3. 20 世纪 80 年代后的税制改革

战后 30 年，日本的经济快速增长并跻身世界前列，但随着时代变迁，

---

① 参见财政部《税收制度国际比较》课题组：《日本税制》，中国财政经济出版社
2000 年版，第 45 页。

原有的税制开始无法适应现实的变化，税制改革势在必行。20 世纪 80 年代后期开始，日本对税制进行了三次较大的改革，分别是：①调整直接税与间接税的比例，引入消费税，提高间接税比例，降低以个人所得税和法人税为代表的直接税的比例。②进行土地税制改革，增强和强化土地课税。③ 1994 年税制改革，是对前两次改革的强化和完善。①

其中，第一次改革即直接税与间接税的比例调整是对"肖普劝告"的根本性改革，最具有划时代的意义，也是对当今日本税制影响最为深刻的一次改革，因此对这一部分进行进一步的综述。

4. 消费税改革综述

日本消费税的开征始于 1989 年，但早在 20 世纪 70 年代末，大平正芳首相就提出了开征一般消费税，并没有得到支持。② 1987 年，中曾根康弘首相提出包括增设销售税在内的税收改革方案，但国会只通过了方案中调整个人所得税的内容，消费税再度被拒之门外。随后上任的竹下登首相调整策略，以降低所得税和开征消费税相结合的方式，同时也凭借执政党在国会中占有多数席位的优势，通过了税改法案并推动消费税立法。最终，消费税以 3% 的税率首次亮相税制体系。③ 1988 年的里库路特事件不仅使竹下登黯然退场，也导致了自民党在大选中的惨败。1993 年，细川护熙就任七党联合内阁首相，打破自民党一党专政的传统。细川护熙首相所提出的税改方案的主要内容是，将消费税更名为"国民福祉税"，并提出要将税率提升至 7%。由于联合内阁内部无法达成一致意见，加之在野党和民众的强烈反对，最初提出的税改方案被个人所得税的减税方案代

---

① 参见财政部《税收制度国际比较》课题组：《日本税制》，中国财政经济出版社 2000 年版，第 50—60 页。

② 1979 年，时任日本首相大平正芳提出开征税率为 5% 的一般消费税，遭到社会民众和在野党，甚至执政党内部的抵制，自民党在之后的大选中受创，议席大幅减少，首次消费税议案以失败告终。

③ 参见李清如：《日本消费税改革：增税抑或延期的两难困境》，《国际税收》2016 年第 10 期。

替。20 世纪 80 年代末至 90 年代初的日本，经历着泡沫经济的崩溃带来的绝望和痛苦，经济一蹶不振，财政收入持续低迷，在政府一系列努力下，终于在 1995 年出现了回复的转机。1996 年上台的桥本龙太郎，作为自民党下野后重新入主政坛的首位首相，他在税制改革上并不成功。桥本龙太郎首相及其领导的内阁错误地过于乐观地判断了日本的经济状况，认为日本经济已经走出泡沫经济崩溃的阴影，步入自律性增长的轨道，并于 1997 年 4 月 1 日将消费税率提高到 5%。此举对经济的发展起到了抑制作用，还导致了国民的提前消费潮。国民在得知 1997 年要进行消费税增税的消息时，纷纷抢在增税前进行大量购物和囤货。这就造成 1996 年度日本民间最终消费支出的年增长 2.5%，而 1997 年度降到了 –1.2%。[①] 祸不单行，在国内民间消费市场疲软，经济不景气的同时，外部爆发的金融危机更是雪上加霜，刚刚有所转机的经济又迅速跌入深渊。而后的日本政府进行了一系列的减税政策，但都如隔靴搔痒，见效不大。此后的税制改革也徘徊于减税以激励和增加财政收入这对矛盾之间，日本经济陷入持续低迷、颓势难挽的局面。在这样的背景下，小泉纯一郎带着"结构改革"的口号当选了日本第 87 任首相，开始了他的改革。小泉首相提出，税制改革要着眼于中长期效益，在这一指导思想下，日本政府奉行"减税先行、增减税一体化、最终实现净增税"的政策。[②] 在小泉纯一郎之后，日本政府进入了民主党时期，但民主党内对消费税增税问题上存在重大分歧，税收政策也因党首的更替而不断变化。其中，鸠山由纪夫不主张提高消费税税率；而后的菅直人和野田佳彦则是增税的拥护者。野田佳彦更在自己执政期间，确定了分阶段的消费税增税方案，即 2014 年 4 月 1 日上调税率至 8%以及 2015 年 10 月 1 日将税率上调至 10%。[③] 第一阶段的增税方案

---

① 参见余炳雕、吴宇：《20 世纪 80 年代以来日本税制改革综述》，《现代日本经济》2004 年第 1 期。

② 参见叶建芳、王万光：《日本税制改革思想变迁及评析》，《税务研究》2016 年第 1 期。

③ 参见李清如：《日本消费税改革：增税抑或延期的两难困境》，《国际税收》2016 年第 10 期。

已经实现，但第二阶段的增税方案却被安倍晋三连续两次推迟，根据政府宣布的推迟增税方案，下次增税将于 2019 年 10 月执行。

（二）关于消费税的探讨

1. 消费税的概念和特征

日本消费税原则上是以所有国内经营活动和进口的国外货物、劳务为课税对象的税收，与以特定的物品、服务为课税对象的个别消费税不同，属于课税范围广泛的一般消费税。消费税的纳税人是商品劳务的制造、批发、零售和服务环节的经营者和进口商，但经营者和进口商将所缴纳的税收包含在了其所销售的商品和劳务的价格中，因此税收的最终承担者是消费者，因此消费税是一种间接税。虽然消费者为税收承担者，但从课税的流程来看，消费税是对各环节经营者所创造的增值部分进行课税，为避免重复课税，各个环节经营者在缴纳税收时都会进行进项消费税额的扣除，其实质与我国的增值税是一致的。概言之，日本消费税既是课税范围较广的间接税，也是排除积累型多阶段课税的增值税。①

2. 征收消费税的原因分析

日本国内关于开征消费税的讨论起始于 20 世纪 70 年代，这与当时日本政府面临的国外经济局势以及国内社会状况密切相关。20 世纪 70 年代爆发的两次石油危机和 80 年代美日之间签订的"广场协议"，这两颗和平时期的"广岛原子弹"，给日本经济造成了难以修复的创伤。国内无法逃避的人口老龄化现实问题，又在本就已经满目疮痍的财政状况上撕开了一道新的裂口。面对长期低迷的经济颓势，日本政府在焦头烂额中找寻着振兴之策，改革者开始尝试跳出长期奉行的肖普税制，而消费税作为一种课税范围广泛的间接税，开始走进日本社会的各个角落。

---

① 参见财政部《税收制度国际比较》课题组：《日本税制》，中国财政经济出版社 2000 年版，第 132—133 页。

（1）背景介绍

1973 年和 1979 年，原油价格在短短 7 年内发生了两次暴涨，给发达国家的经济造成了沉重的打击，战后迅速崛起的工业化国家日本首当其冲。原油价格暴涨导致日本国内的工业生产大幅下降，经济增长明显放缓甚至步入了停滞阶段。石油危机之后，1985 年，日本与美国签订了"广场协议"。①"广场协议"后，日元升值，以出口为主导的经济结构受到冲击，日本政府将关注点转向扩大国内需求。工业生产的疲态使实体经济也逐渐萧条，国内股票市场和房地产市场逐渐升温。为刺激经济发展，日本政府采取降低利率等宽松的货币政策，但由于市场经济的自发性和盲目性，民间资金并没有流入实体产业而是大量涌入股市和房市，日元升值同时也吸引了海量的国际资本投资于本已火热的股市和房市，经济泡沫越来越大，最终在 90 年代初期迎来了应有的破灭。这一次的泡沫经济崩溃后，日本经济陷入了长期的衰退和低迷，可以说是日本在二战后再次经历的毁灭性惨败。与此同时，日本的人口结构已步入少子老龄化阶段，这给原本就死气沉沉的日本群岛上空加上了一抹乌云。

（2）逻辑分析

二战后至今，日本始终奉行以直接税为中心的"肖普税制"，而直接税又以个人所得税和法人所得税为主体，这种税收模式存在一定的弊端。直接税的征收情况与经济的发展周期之间的联系紧密且直接。如上文所述，20 世纪 70 年代的两次石油危机给日本经济造成了很大冲击，经济发展放缓，直接导致依赖直接税的国家财政收入减少。这是客观方面引起的财政税收减少。20 世纪 80 年代签订的"广场协议"使日本必须着眼于

---

① "广场协议"（Plaza Accord）是 20 世纪 80 年代初期，美国财政赤字剧增，对外贸易逆差大幅增长。美国希望通过美元贬值来增加产品的出口竞争力，以改善美国国际收支不平衡状况，所以签订此协议。"广场协议"的签订得到日本大藏省（2000 年前的日本主管金融财政的部门）的强力推动。当时日本经济发展过热，日元升值可以帮助日本拓展海外市场，成立独资或合资企业。"广场协议"签订后，日元大幅升值，国内经济泡沫急剧扩大，最终由于房地产泡沫的破灭造成了日本经济的长期停滞。

扩大国内需求，而为了在当时市场疲软的经济状况下扩大内需，日本政府选择了宽松的货币政策和减税政策。一方面对法人税进行减税以促进生产，增强企业活力；另一方面对个人所得税进行减税以鼓励消费，增强市场活力。这是政府主观选择导致的财政税收减少。由于直接税在税收体系中占比太大，在一系列税收减少之后，其他税种无法填补税收空缺，这也是导致日本政府在 20 世纪 70 年代后疯狂发行国债致使财政收入高度债务化的重要原因之一。

虽然量入而出是众所周知的财政原则，但在经济危机四伏的年代，这一原则似乎是无法做到的，尤其是这一时期的日本。在财政收入的空虚的另一方面，日本的财政支出仍然在大幅攀升，由此导致财政赤字不断扩大，造成这一现象有但不仅限于以下两大原因。首先，关乎财政政策。政府为了刺激石油危机后的经济复苏，采取了扩张性的财政政策，使得财政赤字不断累积。其次，关乎社会保障制度。日本人口的迅速老龄化一方面减少了劳动人口削弱了经济活力，另一方面与老年人生活的相关政府支出，即公共养老金支出也将迅速增加。另外，由于日本政坛政党林立，党内有党，派系复杂，党争激烈，因此社会福利建设一定程度上成为各党派争取民心的必用策略。因此不管国家经济现状如何，社会福利的各项公共支出都是不可或缺的，加之民众的需求的无限性，这一项目的政府支出一般都是有增无减。

综上所述，以直接税为中心的税收模式导致日本财政收入或被动或主动地减少，急需一新税种来填补税收空缺。而不可避免地和不断扩张的财政赤字，也急切要求政府开拓新税源，支撑各项庞大的支出以求得财政收支尽量平衡以及进一步激励经济复苏。因此，日本政府及社会各界就开始重审"肖普税制"，讨论税制改革，提出降低直接税和增加间接税的构想。而消费税属于间接税的一种，又具有征收简单、征收成本低、税基宽且税收来源可靠等特点，尽管面临很多质疑，但还是于 1989 年跻身日本税收立法体系，并成为日本社会中一个公共敏感话题，伴随着执政党的更替而被缓慢改革。

3. 消费税改革进程缓慢的原因分析

马克思主义哲学中的唯物辩证法如是说："事物发展的前途是光明的，道路是曲折的。"道路曲折的原因一方面是新生事物在发展初期力量较弱且存在一些缺陷，另一方面则是人们对事物的认识需要一个过程，这一哲学原理很好地解释了日本消费税改革进程中的曲折和缓慢。

首先，人无完人，消费税亦无金赤。消费税与所得税的一大差异就在其累退性。所得税的征税逻辑是，根据纳税人的收入不同进行不同层次的税率征收，因此所得税也被称为累进税，这样的征收方式能保证税收的相对公平。但因为消费税的课税对象是经营活动、货物或者劳务，并由消费者最终承担税收，这样的征税方式对所有消费者视同一律，并不因收入的不同以及消费额所占收入的大小不同而对消费者进行区别对待。如此一来，在面对同一消费支出活动时，收入越高的消费者负担越小，这就是累退性的体现。[①] 这一征税方式会造成税收的相对不公，也可能进一步扩大贫富差距。

其次，从前文对于消费税改革的综述中，不难发现，几乎每次的消费税增税举措都会遭到在野党和民众甚至是党内不同派系人士的强烈反对，每次的增税都伴随着无法预估的政治风险。民众反对增税，更多是因为相比起国家和社会的长远走向，民众更关注当下的短期利益，所以不仅是提高消费税税率，或许只要是涉及提高税率的政策在民众中都不会受到欢迎。而在野党的和不同派系人士的反对，则更多的是出于政治宣传的考虑。但即便如此，也即便执政者频繁更替，推动消费税提高税率的努力仍然持之以恒。只是由于阻力太大，日本政府采取了先减税刺激经济，待经济复苏后再行增税的策略，如此迂回前进，进程自然就慢了下来。有时候还会出现减税后经济依然一蹶不振的局面，就更别提提高税率了。

最后，关于安倍晋三两度延期增税的行为，并不是在解决问题，反而

---

① 参见张俊勇、刘蕾：《日本的消费税改革及其展望》，《河北地质大学学报》2008年第1期。

是安倍政府逃避问题的表现。"安倍经济学"出台后的三年（2013—2015年）间，日本平均经济增长率仅为 0.6%，占 GDP 约六成的私人消费萎靡不振，这其中固然有消费税增税的影响，但是更深层次的原因在于日本国内的结构性问题。[①] 经济长期低迷导致国民实际收入降低，少子老龄化加剧等问题如果没有得到解决，就无法拉动国内消费需求，消费市场疲软的问题就无法得到根治。不仅如此，由于在日本，消费税是全额用于补充社会保障支出的，延期增税给日本社会保障体系的稳定提出了挑战。接下来，关于日本的下一阶段增税是否能如期进行，以及在增税前安倍政府又将在"三支箭"都射出的情况下如何调整国内经济，我们拭目以待。

（三）日本税制改革对我国的启示

从二战结束至今，日本的税收制度大致经历了由奉行"肖普税制"到"肖普税制"被逐步修改的过程，期间以降低直接税，提高间接税为主线，以消费改革为核心。从 20 世纪 70 年代末提出增设消费税的构想至今的近四十年里，消费税改革可谓一波三折，这其中的经验与教训，对我国的税制，特别是正处于全面"营改增"阶段的中国税制有着重要的借鉴意义。

1. 从长远视角出发，增强税制改革的规划性

回顾日本税制改革的历程，租税特别措施以减免税激励的方式扶持特定产业发展，通过牺牲公平来提高速度和效率，这一方法对经历百废待兴的经济时期所发挥的作用是立竿见影的，但其短期性的缺点也是显而易见的。更致命的是，这一非公平性会被暂时的经济欣欣向荣所遮蔽，在经济发展到一定阶段时，危机和问题会集中凸显，此时再醒悟为时已晚。因为企业和产业由于长期以来税收优惠而逐渐失去了自身的革新力和创造力，缺乏活力的产业和企业们共同构成了后劲不足的市场。而政府因为只关注

---

① 参见李清如：《日本消费税改革：增税抑或延期的两难困境》，《国际税收》2016年第 10 期。

政策的短期效应而不进一步考量其长远影响，也长期采取这种税收激励模式来作为挽救经济颓势促进经济增长的特效药方，当这一药方彻底失效时，政府和市场共同面对一片狼藉的经济残局时，能做的只有束手就擒。因此，税收优惠政策是可行的，但不是万能的，减税激励措施可以使用，但不能滥用。在税制改革的过程中，应认清当下局势，着眼于长远视角，提出有规划有步骤的方案，而后步步为营，稳步推进改革。

2. 从政治环境出发，保障税制改革的稳定性

前文曾分析到，在野党和民众的强烈抵制是日本消费税改革进程缓慢的一个重要原因。

相比起日本多党轮流执政，党政激烈的政治环境，我国在中国共产党领导的多党合作和政治协商制度这一基本政治制度的指导下，营造了一个更加和谐和高效的政治环境，中国共产党作为执政党领导社会主义事业的建设，各民主党派作为参政党以政治协商、民主监督、参政议政的方式共同参与对国家事务的管理，既保证了发展方向上的一致性，又不失意见表达上的多样性，这是保障税制改革的稳定性和一贯性所不可或缺的。

而对于民众的抵触情绪，需要进行进一步分析。民众有自由表达意见和需求的权利，但并非所有的意见和需求都应该被接纳和满足。因为受限于自身的知识背景和信息来源，民众在表达自己所需所想时更多的是站在个体的角度，从追求短期利益的思维模式出发，而且极易被舆论诱导而盲从，虽然无可厚非，但却有待商榷。因为税收制度作为国家财政体系中的重要一环，关乎国计民生，在税收立法时，既要考虑群众的个体微观需求更要注重国家的社会宏观需要，既要考虑当下的利益和形势，更要顾虑未来的效益和发展。日本政府出于政治目的，为了获得人民支持而一味地取悦民意，无休止地减税和蹑手蹑脚地进行税制改革，没有可持续发展的经济作为支撑，再花哨的政治口号也是梦幻泡影，而泡影破灭的苦果最终还是要人民来承担，这是对人民的不负责。因此，要妥善解决中国未来税制改革过程中可能会遇到的民意阻力问题，作为执政党的共产党和作为与老

百姓有最密切接触的中国政府应该强化自身的政治决策力，在复杂多变的时代局势中主动且准确地把握发展方向，并继续全心全意为人民服务以争取绝大多数人民的信任，以期未来出台的决策和方案能为人民所信服，为税制改革打下坚实的政治基础。

3. 从社会保障出发，提高税制改革的预见性

凡事预则立，不预则废。关乎国计民生的税收制度更是如此。日本的经济发展一直受到本国居高不下的人口老龄化率的制约，在前文探讨的日本消费税的开征原因中，日益增加的公共养老金等社会保障支出是其中一大原因。但在持续的经济下行的状况下，加之安倍政府两度推迟消费税增税方案，仅靠消费税已经无法承担起维护社会保障体系的重任了，但人口老龄化的趋势仍在不断加深，日本的社会保障体系形势严峻。

然而，我国也同样面临着人口老龄化的压力，依据《2015 年社会服务发展统计公报》，我国 60 岁及以上老年人口约 2.22 亿，占总人口比例为 16.1%；65 岁及以上老年人口为 1.44 亿，占总人口比例的 10.5%。[1] 由此，我国早已步入老龄化社会，[2] 且会逐步加深。为此，我国应吸取日本的历史教训，提早为即将到来的更大的人口老龄化压力做好准备，尽快完善社会保障体系，拓宽社保资金的筹集渠道，并发挥税收对养老保险的调节作用，如 2017 年两会上探讨的"个人税收递延型商业养老保险"问题等，将未来的人口结构危机尽可能提前化解于未然。

4. 从税制本身出发，加强税制改革的适应性

前文曾提及消费税的累退性，这是消费税以商品服务为课税对象而固

---

[1] 参见欧明青、倪宣明：《浅析老龄经济中的税收政策》，《数理统计与管理》2017 年第 4 期。

[2] 国际上一般认为，当一个国家或地区 65 岁及以上老年人口占总人口的比例超过 7%，或者 60 岁及以上老年人口占总人口的比例超过 10%，即可视为进入老龄化社会。

有的特性，虽然特性无法改变，但税收的具体运作模式是灵活可变的。若将税收制度比喻为一座工厂，每一税种则是其中的机器，在进厂原材料数量不变的情况下，要提高工厂的总体产量，可以从两个方面着手。一方面，应该不断引进先进的设备机器，并优化不同型号的机器之间的组合和搭配。即拓宽税源，与时俱进地将新时代所涉及的新产业纳入税收体系；在原有的税收体系中进行不同税种的比例优化，并根据实践的反馈调节税率。另一方面，也是更直接实际的一面，应该在已有的设备配置下规范生产活动和提高工人的生产效率。即规范征税机关的税款征收活动，提高征税效率，减少低效税收支出并逐步杜绝无效税收支出，并重点打击逃税和骗税等行为，避免税收流失。

三、日本中央与地方间的税收权限划分

（一）日本中央与地方间的财政关系概述

1. 日本纵向财政关系的特点

纵向财政关系，即中央政府与地方政府之间的财政关系。财政关系，则包括财政收入和财政支出。纵向财政关系，即中央政府与地方政府间的财政收入和财政支出的分配关系。税收是国家财政收入中占比最大的组成部分，同时也和财政支出紧密相连，因此，研究日本的税收立法模式必然绕不开对日本财政关系的介绍。而任何事物的特点都是通过比较得出的，通过前文关于日本税制改革的论述我们不难发现，虽然日本是一个资本主义国家，但不同于美国、德国等联邦制国家，日本在国家结构形式方面采取了单一制。对比同样作为单一制国家的中国、法国、英国等国家，日本的地方税收比重是最高的；但相较于同为联邦制国家，日本的地方税收权限是很小的。也就是说，日本地方税收权限是介于单一制国家和联邦制国家之间的。一方面，地方税收权限高于一般单一制国家，权力下放的同时必须伴随着监管的下放，因此日本政府在对地方税收的控制上也是很严格的。

另一方面，从财政支出的角度来看，日本地方政府所负担的财政支出压力，要比拥有更多税收权限的联邦制国家地方政府的压力大得多，即需要承担更多地方事务，而这种现象的背后是日本政府之间的财政转移支付制度。①

2. 日本行政区划

一国的中央与地方政府之间的关系是其财政关系的基础，因此在对日本的纵向财政关系进行进一步分析前，应先对其行政区划进行大致的了解。虽然日本在明治维新后建立了君主立宪制的政体，但出于对外军事扩张的需要，日本国内天皇和军阀的权力不断加强，形成了长期的"天皇揽政，军阀握权"的局面，君主立宪制形同虚设。第二次世界大战结束后，以美国为主的联合国占领军对日本进行"非军事化"和"民主化"的改革，并制定了新宪法，建立起了天皇为国家的象征，民选议员组成的议会作为国家最高权力机构，由议会选举首脑的政府负责处理国家行政事务的君主立宪制的基本框架。② 相应的，日本政权纵向结构也有所调整。纵向政府分为三级，分别是中央、都道府县和市町村。③ 后两者组成两级地方政府，实行地方自治制度。④

3. 日本中央与地方的财政关系

（1）财政收支结构

正如前文提到的，财政关系包括财政支出关系和财政收入关系。首先，介绍日本中央与地方之间的财政支出关系。政府之间的财政支出关系，是由政府间的职责或事权决定的。国家财政职责主要有提供公共服

---

① 参见宫岛洋、神野直彦：《中央和地方政府财政关系的中日比较》，《管理世界》1994 年第 4 期。

② 参见财政部《税收制度国际比较》课题组：《日本税制》，中国财政经济出版社 2000 年版，第 10 页。

③ 都道府县中，东京称都，北海称道，府包括大阪府和京都府，其他的共有 43 个县，相当于中国的省。市町村为基层政权，全国共有 3275 个市、町或者村。

④ 地方有各自的议会和直接选举的首长，其中都道府县称知事，市町村称长。

务、收入再分配和宏观调控三个方面，其中地方的财政职责主要是提供部分公共服务。① 而日本现行的事权划分大致为：国防、外交和公安由中央负责；消防、港湾、城市规划、公共卫生和住宅等由地方负责；② 公路、河流、教育等大多数行政事务有中央和地方共同负责。③ 在共同负责的事项中，又有分成细项分别负担和按比例分担两种形式。中央与地方的财政支出分别占比大概为：1/3 和 2/3。

接着，介绍日本中央与地方之间的财政收入结构。日本中央与地方税源划分主要遵循三个原则：一是，税源划分以事权划分为基础；二是，便于全国统一税率和征收的大宗税源归中央，征收工作复杂的小宗税源归地方；三是，涉及收入公平、宏观政策的税制归中央，地方以收益原则为依据。④ 从税收结构来看，中央税收份额占 60% 左右，而地方税收份额占 40% 左右。

最后，日本纵向税收关系中另一个特点就是：中央政府对地方税加以严格的控制。控制制度被称为"课税否决"，⑤ 前后分为两个阶段⑥ 对地方政府私自课征租税进行限制。依靠这两个阶段的课税否决，便可限制地方政府私自课征租税。

（2）转移支付制度

通过对日本财政收支结构的分析，可以看出，日本的财政收入主要集

---

① 参见财政部《税收制度国际比较》课题组：《日本税制》，中国财政经济出版社 2000 年版，第 31—32 页。

② 其中，港湾等由都道府县负责，与居民日常生活密切相关的消防、城市规划、公共卫生和住宅等由市町村政府负责。

③ 参见财政部《税收制度国际比较》课题组：《日本税制》，中国财政经济出版社 2000 年版，第 32 页。

④ 参见财政部《税收制度国际比较》课题组：《日本税制》，中国财政经济出版社 2000 年版，第 33 页。

⑤ 参见宫岛洋、神野直彦：《中央和地方政府财政关系的中日比较》，《管理世界》 1994 年第 4 期。

⑥ 第一阶段，根据地方税法列举能课征的地方税。第二阶段，在地方政府打算征收按地方税法列举税种之外的租税时，必须得到自治大臣的许可。

中在中央，而地方财政支出的份额却比中央大，即中央和地方的财政收入与财政支出不匹配。要解决不匹配问题，共有三种路径：一是，调整税收份额比例，提高地方税收份额，但受到"课税否决"制度的影响，这一路径开通的可能性很小。二是，减少地方政府支出，转向提高中央政府支出，此路径在逻辑上行得通但并不符合实际，因为地方政府的财政支出与百姓的生活联系更紧密，减少地方支出就意味着减少对纳税人的投入，这会造成对纳税人的不公。三是，也是最为可行的路径，开通中央与地方政府之间的资金转移通道，即转移支付制度。另外，课税否决制度虽然有效地控制了地方的税收征收权限，使地方的租税负担差别不大，但各地的经济水平不同，相应提供的公共服务就会有差距，转移支付制度在一定借鉴程度上可以弥补区域间的差距。此外，一些本应该由中央政府负责的公共服务会委托给地方，但资金没有相应下移，这也需要转移支付制度从中协调。

综上所述，出于弥补事项下放但资金未相应下移的需要，解决中央与地方政府之间的财政收支反差，以及缓解因为严格控制税源所导致的地区间公共服务质量的差距的需要，转移支付制度应运而生。

目前，日本中央政府对地方的财政转移资金包括三种形式：国库支出金、地方交付税和地方让与税。中央政府通过国库支出金的形式，将资金下拨，这笔资金的实质是中央政府委托地方政府履行职责的同时所支付的资金，资金的使用方向在下拨时就已经被指定好了，只是原本是中央的支出换一种路径通过地方政府实现而已。这也是这种形式与另外两种形式的最大不同，亦是其被称为"金"而非"税"的原因。另外，因为国库支出金被指定了支出方向，虽然解决了第一个问题，但也约束了地方政府的自主性，也没有起到缩小地方之间差距的作用。因此，在1954年，地方交付税制度和地方让与税制度同时建立，还出台了相应的《地方交付税法》进行了明确、具体的规定。地方交付税和地方让与税同样作为转移支付资金，相比国库支出金地方政府享有更多的支配权，但两者之间也存在不同，差异如表1所示。

表 1[①]

名称	地方交付税	地方让与税
目的功能	对地方政府总收入和总支出的补充	对地方政府某一方面的财力平衡
资金来源	从国税中抽取一定比例的个人所得税、法人税和酒税充当地方交付税资金	地方让与税作为中央税中的独立税种存在，该税种全部收入都属于转移支付资金
资金运行	列收列支。以全部国税的形式列入财政收入，而后将一定比例的上述三种税种的资金划入特别会计预算，完成转移支付	地方让与税虽然属于国税，但其收支不列入中央财政预算，征收后，直接全额划入地方让与税特别会计预算

　　以上对财政转移的讨论暂时未考虑公债等收入。财政转移实施之前，总税收的 64.6% 为国税、35.4% 是地方税，实施后的实际分配是中央政府取得 35.7%，地方政府获得 64.3%，实施前后总税收的分配情况正好相反。[②] 由此，转移支付制度解决了另外两个问题，即解决了中央与地方政府之间的财政收支反差，以及地方政府之间公共服务质量的差距问题。

（二）日本财政分权改革的历史沿革

　　与日本税制改革一样，日本财政分权改革也始于"肖普劝告"，也受到了美国的影响和主导。但正如前文所述，一国的财政关系尤其是纵向财政关系与其政治制度密切联系，因此"肖普劝告"中关于财政分权的内容虽然开启了日本财政分权的开端，但其影响力并不如对日本税制改革的影响。"肖普劝告"以后，日本政府虽然屡次进行分权改革，但始终没有达到如其模仿对象美国一样程度的地方财政自治，仍然保有其单一制所独有的集权性。这其中的缘由，以及日本的财政分权改革未来走向问题值得我

---

① 表格内容为概括性论述，具体内容参见财政部《税收制度国际比较》课题组：《日本税制》，中国财政经济出版社 2000 年版，第 35—38 页。
② 参见宫岛洋、神野直彦：《中央和地方政府财政关系的中日比较》，《管理世界》1994 年第 4 期。

们琢磨和思考。

1. 财政分权改革综述

如前文所述，二战以后，美国的卡尔·肖普博士所带领的税制考察团在经过 3 个月的调研后提交了报告书，即"肖普劝告"。其中体现的财政分权思想的内容有：明确三级行政政府的事权；并划分中央收入和地方收入，使各级政府都有独立的税收来源；对转移支付制度进行改革，减少国库支出金，建立地方平衡支付金。① 在"肖普劝告"提出地方平衡支付金以前，日本的地方调整制度沿用的是 1940 年建立的地方让与税。地方让与税包括退还税②和配给税③，但真正具有财政调节作用的是配给税，但配给税的分配方法不够具体明确，可操作性不强。"肖普劝告"中提出的平衡给付税，采用了先计算地方政府的财源不足额，而后据此进行资金转移的方法，实操性大大增强。因为受到美国的影响，日本政府在地方自治委员会之外又成立了地方财政委员会，而在实际运行中，虽然地方财政委员会有权利提交建议，但最终决定权还是在内阁手中，因此造成地方平衡支付金计算的不确定和不稳定。④ 另外，虽然平衡给付税的支出方向并没有被限定，但是在实践中中央各部门为了部门利益纷纷将资金限定在了各自部门内部使用，平衡给付税建立的初衷被逐渐抛弃。"肖普劝告"的意义更多的是提出了分权改革的理念，其中提到的许多措施并

---

① 参见丁颖、师颖新、户泉巧：《"二战"以来的日本财政分权改革》，《经济社会体制比较》2011 年第 5 期。
② 退还税是作为国税来征收但又如数退给征收地方政府的租税。这种按征收地退还而作为国税征收是因为战时财政有必要将课税权集中到中央政府之缘故，因此退还税没有财政调整作用。
③ 配给税来源于国税中的所得税、法人税、门票税以及游乐饮食税。充当配给税的租税都是收入弹性系数很高、从城市征收的租税。配给税中有一半是按照与地方政府的课税能力（即以标准税率课征时的税收）成反比，另一半则按与在学儿童数成正比的分配办法，由中央政府向地方政府转移，这些就是配给税的结构。
④ 参见丁颖、师颖新、户泉巧：《"二战"以来的日本财政分权改革》，《经济社会体制比较》2011 年第 5 期。

未得到实质的落地。

"肖普劝告"以后，日本在 20 世纪 50 年代的中后期进入了战后恢复和经济增速发展时期，饱受争议的平衡交付金转变为地方交付税，地方交付税、地方让与税与国库支出金一并，作为转移支付资金，由中央转向地方支持其进行经济重建和保障国民生活。这一时期的地方税收仅占 30%，因而地方财政被称为"三成自治"，此时的日本进入"新中央集权"时期。但在经济高速发展的同时，日本也出现了许多如环境污染等导致降低生活质量的问题，于是人们开始追求更高的生活环境，居民运动一时蓬勃发展，日本又进入了"地方的时代"。①

20 世纪 70 年代，短短 10 年内受到两次石油危机的影响，一方面经济低迷而不得不依赖发行国债填补税收空缺，另一方面福利国家的建设加速了入不敷出的财政状况，日本陷入了严重赤字的局面。此时的日本，不管是要应对石油危机或是建立福利国家，都离不开中央集权和整体协调，日本财政再次进入中央集权时期。

20 世纪 90 年代至今，日本前后进行了三次最大的分权改革。1991 年日本泡沫经济崩溃，1997 年东亚金融危机爆发，这些灾难再次给日本经济带来重创。为了增强地方活力，日本进行了第一次地方分权改革，但改革主要集中在行政管理体制方面，税收体制上并没有根本性变动。第二次分权改革是在 21 世纪以后，小泉纯一郎担任首相后，推行"三位一体改革"。② 与第一次分权改革相比，第二次改革更加侧重财政方面的变革，但因为缺少了转移支付制度作为协调和平衡的屏障，不同地区之间的差距再次被逐渐拉大。2008 年以后，进行了第三次分权改革，这次改革中，地方分权改革委员会出台了一系列的法案和政策措施，一方面继续推进"三位一体改革"加强地方财政的基础，另一方面建立地方独立自治的

---

① 参见丁颖、师颖新、户泉巧：《"二战"以来的日本财政分权改革》，《经济社会体制比较》2011 年第 5 期。

② "三位一体改革"的内容可以大致概括为：改革支付转移制度，降低地方财政对中央财政的依赖，实现真正的自治。

行政体制。但三次改革过后,日本地方政府仍然远远没有达到真正的地方财政自治。

2. 财政分权改革之我见

在经历了曲折坎坷的数次分权改革后,日本地方政府仍然没有得到所预期的自治,这并不是偶然,而是必然的结果。一个制度若要在一个地方实践和推广最终为人们普遍接受,就如同一颗种子需要在一片土地上生根发芽一样,需要与其相适应的肥沃的土壤,适宜的气候和适量的光照。"肖普劝告"在日本的实施过程就是缺乏了应有的社会环境,才会黯然收场。

首先,不同于美国具有广阔的土地和丰富的资源,日本不仅国土面积狭小,而且自然资源尤其是一些重要的工业原料都十分稀缺,这使日本民族具有很强的危机意识和扩张冲动。另外,美国的领土两面环海,南北仅于墨西哥和加拿大两个国家接壤,具有得天独厚的地缘政治优势,而日本虽然四面环海,但与东亚许多国家隔海相望,更是作为美国在东亚地区战略部署的前线,与东亚各国都有或多或少的利益冲突。在本地资源稀缺,与周边国家关系紧张的情况下,日本采用集权式的纵向立法模式是更为理性和恰当的选择。

其次,美国在建立联邦制以来,就逐渐构建了一套匹配其联邦制度的税收立法模式和税收征收体系,若只是对税收立法模式进行亦步亦趋的借鉴,而缺乏相应的制度在背后进行支持,学习和借鉴的成果最终会因为种种不适而黯然收场。日本作为单一制国家,其国家的机构形式就已经决定了其中央集权的性质,在不改变单一制的情况下,日本政府所采取的改革就是在不同的时代背景和要求下,在原有体制内调整对地方政府的控制程度,而非一味追求彻底的改革和绝对的独立。

(三)日本财政分权改革对我国的启示

1. 借鉴和完善转移支付制度

经过多次改革后,日本的转移支付制度已较为成熟。日本转移支付制度的具体变迁大致可概括为："国库支出金——地方让与税——平衡给付税——地方给付税"这样的一个过程，这些具体制度的优劣势和互补之处如表2所示。

表2[①]

名称	优点	缺点
国库支出金	解决了中央政府委托地方事项，但资金没有下移的问题	没有解决地方政府之间差距的问题
地方让与税	配给税分配来源合理，并起到了财政调节作用	分配方法不够明确
平衡给付税	改善了让与税的分配方法，平衡了地方政府间的财政能力差距	分配方法比较明确，但存在无限转移的问题
地方给付税	结合地方让与税和平衡给付税的优点，并对无限转移问题进行了改善	—

地方给付税作为日本相对完善的转移支付制度，其具体操作流程有许多值得借鉴之处。

首先，在资金来源方面，其配给税来源是从各个税的比例抽离出来，构成普通给付税，同时还会有特别给付税。

其次，在资金转移方面，采取的是计算各地需求额和收入额的差额而后进行支付转移的方式。具体的计算方法为：

基准财政需要额 = 测定单位（数量） × 单位费用 × 矫正系数[②]

基准财政收入额 = 一部分预测收入[③]

收入额 − 需要额 = 需给付额

① 　表格内容为概括性表述，具体内容参见宫岛洋、神野直彦：《中央和地方政府财政关系的中日比较》，《管理世界》1994年第4期。

② 　为了考虑地区特点，还可以乘上校正系数，例如消防费，人口是测定单位，单位费用按每人来决定，但消防费随着人口的增加会产生规模效益，所以应该设定使财政需要额递减的校正系数。

③ 　具体到都道府县是80%，市町村为75%。

计算出来的需给付额为负数，则对该地区无需进行转移支付；若需给付额为正数，则需要进行转移支付。但不同于平衡给付税，中央政府并不必须补足各个地方的需给付额，当出现中央转移支付的总预算不足以满足所有地方转移支付需求时，则采取各地需求额占总资金比例进行分配。举例说明，假设共有 5 个市申请了地方给付税，计算出来的需给付额分别为：50 亿元，200 亿元，500 亿元，400 亿元和 100 亿元；而中央所提供的转移支付资金总额为 1000 亿元，此时就需要比例分配。设各地需给付额为 X，则各地实际获得给付税 =[X／（50+200+500+400+100）] × 1000 万。这样的运作模式，极大地提高了转移支付资金的利用率，减少了因为分配规则不明确而导致的资金浪费。

最后，是对转移支付制度进行实时的观察和调整，若地方需给付额过大，但又无法从转移支付中轻易地获得全款的补助，地方政府就会开始采取措施提高税收利用率和减少不必要的支出；而地方需给付额过小，多出的税收并不会因此被收回，而是会被编入特别给付税，以备不时之需。但倘若差额过大的显现持续时间较长，中央政府就需要开始考虑调整给付税率了，即在各个税收中抽离出来构成让与税的比例。这就使转移支付制度由静态的规则进化为动态的制度，赋予其自我调整，与时俱进的活力和生命力。

2. 尽快明确政府间的事权划分

长期以来，中国财政体制改革的重心在于划分各级政府的财权财力上，而相对忽视了更为重要的事权划分改革。① 在中国，地方政府事实上拥有较大自主权。自秦始皇以来，原有的分封制就已逐渐被郡县制所替代，而流官制是与郡县制相配套的选官任官制度，流官制的传统运作过程是地方官员均由中央政府任命，但如今中国的流官制已经完全不同，采取的是下管一级的形式。如此一来，地方政府虽然在法律上隶属于中央政

---

① 参见谢贞发：《中国式分税制的税收增长之谜》，《中国工业经济》2016 年第 5 期。

府，但是在实际操作中更多的是直接听命于上一级政府。越是偏远的地方，就越有"山高皇帝远"的思想，对中央下达的指示和政策往往会进行选择性的执行。在下管一级的制度下，国省市县乡五级政府之间并没有明确的事权划分，许多事务会被层层下移，最终都堆积在了基层政府身上。而事权划分又是支出责任和税收权限分配的基础，若事权划分不明，谈再多的财政权力分配也只是隔靴搔痒。在中央与地方政府之间的事权划分方面，日本的经验值得学习。日本各级政府事权的划分并非基于各个事务领域进行划分，而是同一事务领域内发挥各层级政府职能进行划分。资源配置以基层政府为主，收入分配以上级政府为主，稳定经济以中央政府为主。① 因此，中国在接下来的改革中应该将注意力多放在明确事权划分上，并在这个基础上对税收的立法模式进行更深层次的改革。

3. 加速促进地方政府转型

上述两点分别是针对解决横向上地方政府与地方政府之间的财政平衡问题，和纵向上中央政府与地方政府之间的事权划分问题，皆为政府视角。而税收的本质和宗旨是"取之于民，用之于民"，因此协调好政府与人民之间的关系也是至关重要的一环。20 世纪 70 年代，日本开始致力于建设福利国家，80 年代，日美之间的经济贸易摩擦使得日本政府由出口导向转向扩大内需，加之人口迅速老龄化的影响，在这个过程中，日本政府的注意力逐步从经济建设转向了民生保障。中国如今所处的背景与当时的日本十分相似，国际上逐渐抬头的贸易保护主义影响了中国的对外贸易，国内人民的温饱问题基本得到解决，广大群众向往和追求更好的环境和文化条件。正如习近平总书记常提到的："人民对美好生活的向往就是我们的奋斗目标。"要实现这一奋斗目标，促进政府角色转型是关键。

中国官员的晋升考核与 GDP 挂钩，这导致了各地政府领导过分关注

---

① 参见李建军、余秋莹：《日本地方政府支出责任与地方税：经验与启示》，《地方财政研究》2017 年第 1 期。

本地区的经济建设而忽略民生建设和环境的保护。以 GDP 增长为考核指标会导致两个问题。首先，1994 年分税制改革后的中央税收集权降低了地方政府分享的税收收入、压缩了地方政府的"征管空间"，但它并没有从根本上剥夺地方政府从本地经济发展中获取财政利益的权利。[①] 过分注重财政利益的地方政府在地方税收的征管空间减少后，因为我国转移支付制度尚不完善，为了弥补这一财政缺口，可选择的最便捷的路径就是增加地方非税收收入。非税收收入作为行政事业性收费，存在征收主体多元，征收执法不规范，征收监管缺失等问题。因此，在关注税收立法模式之余，也不能忽视对非税收收入行为的监管和规范。其次，改革开放后我国经济实力逐步跻身世界前列，与此同时我国的资源消耗和环境污染指数在国际上也"名列前茅"，人民的幸福感指数排名也远不及国家经济实力排名。[②] 幸福感指数的考量因素中就有一点是关于对政府信任度，而资源和环境问题的发生也与过去政府不惜牺牲生态发展经济，先发展后治理的错误指导思想有关。习近平总书记更是在党的十九大报告中提出要"提高保障和改善民生水平，加强和创新社会治理"。[③] 以及"加快生态文明建设体制改革，建设美丽中国。"[④] 这些目标的实现，责任在政府。因此，政府必须尽快实现转型，从经济建设型政府转向社会建设型政府，从城市建设型政府转向城市管理型政府。

4. 立足特有国情和植根本地土壤

由上述的历史沿革我们可以发现，自从"肖普劝告"以后，日本的财政分权改革大致经历了一个从相对集权到相对分权，再次进入新的集权，而后再次分权的过程，但相较于其学习对象美国而言，日本的地方税收权

---

① 参见谢贞发：《中国式分税制的税收增长之谜》，《中国工业经济》2016 年第 5 期。
② 根据 2016 年的世界幸福指数发布，中国人的幸福指数是 5.273，位列第 79 位。腾讯新闻，http://view.news.qq.com/original/intouchtoday/n3839.html，最后访问时间：2017 年 11 月 15 日。
③ 参见《决胜全面建成小康社会　夺取新时代中国特色社会主义伟大胜利》第八章。
④ 参见《决胜全面建成小康社会　夺取新时代中国特色社会主义伟大胜利》第九章。

限仍然受到中央政府较为严格的控制。美国的纵向税收模式虽然在日本掀起了一阵分权思潮，但是始终没有得到真正地落地生根和发芽，这说明目前暂时不存在一种无限量兼容的税收立法模式，可以适用于所有国家和地区。因此，在学习和借鉴发达国家的先进经验的同时，也要进行仔细的对比和甄别。从实际出发，实事求是，做到具体问题具体分析，吸收和借鉴其中有益和有利的内容，果断舍弃无法与本土进行融洽和对接的部分，对可能水土不服的地方进行修改和优化，注入具有中国特色的新鲜血液进行中国化，保有持久的生命力。

与日本一样，中国也处在表面风平浪静但暗流涌动的东亚地区，而且中国的地缘政治环境相较于日本更加复杂，中国领土与 14 个国家接壤，近年来边境冲突频繁发生，国内分裂国家、破坏祖国统一的行为时有发生，地区之间发展不充分不平衡也成为新时代中迫切等待解决的问题，全面脱贫、全面建成小康社会等伟大目标的完成处于攻坚战的决胜时期，这些问题都需要一个更加有力的中央政府，进行宏观地、全面地把控动态和方向以及协调差异和问题，因此加强税收方面的进一步集中是新时代的要求。

第十章　中国财税法治之回顾与反思
（1978—2017 年）

一、问题的提出

通过财政观察历史社会，是使人类能够真实地理解历史社会的一把钥匙。① 这是熊彼特等人开创的财政社会学的基本观点。从中国的经验出发，也可以佐证这一点。离我们最近的大的改革就是邓小平所启动的改革开放。从实践来讲，最早启动这一进程的是 1978 年 11 月的小岗村村民。他们由于实在吃不饱饭，现行财政体制无法解决人民的基本生活需求，所以老百姓冒着极大的风险启动了改革。邓小平只是从中央层面认可并从政策层面在全国加以推广。如果再追溯得早一点，在 1958 年"大跃进"之后，造成了国民经济严重困难，财政产生严重危机，直接导致了 1961 年党的八届九中全会批准的"八字方针"：调整、巩固、充实、提高。② 这两次危机实际上是中国共产党建立新中国之后面临过的两次大的财政危机。研究中国历史也会发现，一部中国历史也就是一部财政平衡史。稍微远一点看，国民党在解放战争中之所以失败的原因也是财政危机，货币超发现象其本质也是财政收支不平衡所致。只要一个政府的财政基本上还可以维持财政均衡，那么这个政权就能够维持下去，而如果政府的财政长期维持赤字，那么这个政府的危机也就到来了。像美国这样长期背负巨额债务的国

---

① 参见李炜光、任晓兰：《财政社会学源流与我国当代财政学的发展》，《财政研究》2013 年第 7 期。

② 参见中国共产党八届九中全会李富春作的《关于 1960 年国民经济计划执行情况和 1961 年国民经济计划主要指标的报告》。更多详细内容参见 1962 年西楼会议陈云题为《目前财政经济的情况和克服困难的若干办法》的重要讲话。

家（超级大国）本身有其独特性，他可以通过美元霸权和军事强权从长期上削减国家债务并获得长期的财政平衡。[①] 中国目前还没有这样的条件环境与之相比，所以我们主要还是从中国经济史视角来观察中国的财政法治建设史。由于篇幅和资料获取的关系，本文重点从改革开放之后40年的财政法治建设历史进行梳理，为未来的改革与法治建设提供经验和参考。

二、对财政法治建设三个阶段的历史回顾

（一）财政危机应对阶段（1978—1997年）

从1978年到1997年，中国的财政改革阶段可以称之为财政危机应对阶段。1978年11月安徽小岗村的农民私自实行的包产到户改革，实际上就是广义的财政体制改革。因为从1958年开始，中国实行城乡二元社会结构。而广义的财政体制就是国家财政收入的分配使用问题。包产到户的实质就是打破了人民公社制，把耕地使用权分配给农户，以家庭为单位进行生产，其获得的果实与其劳动付出挂钩。其实质是在国家与农民之间的财政分配比例上向农民做出了倾斜，所以实质上就是一种财政体制改革。当然这么做的直接动力是因为之前的人民公社制束缚了农民劳动的积极性。这是在农村的财政改革。分田到户，实行联产承包责任，"交了国家的，留下集体的，剩下全是自己的"，这极大地调动了农民的积极性，粮食产量快速增长。企业实行利润留成和企业基金制度，增加了企业自主支配的财产……工业产量不断上升，工业品短缺的状况很快得到了缓解。地方实行"分灶吃饭"和大包干体制……提高地方政府发展经济的积极性，国家经济形势全面好转。[②]

[①]　我们当然在财政技术上可以学习和借鉴美国的经验，但我们不能把美国的特殊经验模式当作能够复制的模式。

[②]　参见刘尚希、邢丽：《中国财政改革30年：历史与逻辑的勾画》，《中央财经大学学报》2008年第3期。

1978 年至 80 年代中期之前，中国的财政改革主要是让利，而 80 年代之后则以放权为主。这意味着前期主要是在原有制度框架内微调，而 80 年代中期之后则开始对原有制度进行调整，开始考虑制度改革和法制建设问题。这个分界线就是 1983 年和 1984 年实施的两次"利改税"改革。通过两次"利改税"，实质上改变了国家与企业之间的利益分配关系。"利改税"的具体方式就是两次全国人大对国务院的立法授权。1984 年出台《全国人民代表大会常务委员会关于授权国务院改革工商税制发布有关税收条例草案试行的决定》（以下简称"1984 年授权"），授权国务院在实施国营企业"利改税"和改革工商税制的过程中，拟定有关税收条例，以草案形式发布试行。[①] 如果考虑到 20 世纪 80 年代初就针对外国人制定的《个人所得税法》和《外国企业所得税法》，中国的财税法治建设在整个法治建设中也算是走在前沿的。除了 1979 年制定的刑法外，就是财税法紧随其后了。除了立法层次稍低，内外有别之外，中国的财税法治建设在改革开放之初其实是走在前列的，当然这也是形势使然，是改革开放和国家、企业、个人之间分配关系调整的必然结果。

1984 年实行工商税制之后，中国的财税改革一直到 1993 年的 10 年间，一方面是经济的高速增长，但也伴随着地方财力增强和中央财力窘迫同时并存的结果。在这种背景下，1994 年中央实行了分税制改革。这是建国之后影响最为深远的财税改革，也是中国财税法治建设的重要步骤。其主要内容是"三分一返"，在划分事权的基础上，划分中央与地方的财政支出范围；按税种划分收入，明确中央与地方的收入范围；设中央和地方两套税务机构；建立中央对地方的税收返还制度；建立过渡期转移支付制度。[②] 从结果上看，就是通过改革之前实行的财政包干制，来达到增强中央财政力量的效果。但如果从更大的历史视野来看，1994 年的分

---

① 参见 1984 年《全国人民代表大会常务委员会关于授权国务院改革工商税制发布有关税收条例草案试行的决定》（已于 2009 年 6 月废止）。
② 参见国发〔1993〕85 号文件《国务院关于实行分税制财政管理体制的决定》。

税制改革并非简单的中央与地方的博弈，而是从现代财政体制向规范的法治财政转变的重要一步。它至少实行了几点。首先是中央与地方的财政关系逐步走向稳定。在财政包干制下，中央与地方的财政关系是高度不稳定的，甚至有中央政府向地方政府举债的情形出现。这种关系是高度行政化的，每年都要为此进行谈判，这本身对于一个现代国家而言都是成本高昂而且原始落后的财税体制。其次是按事权合理确定支出、事权与财权相结合的原则。尽管没有明确提出这个原则，但整个文件表达了这个意思。对于当时的中国而言，这是一个重大的进步。按照事权确立支出，而非按照事权确定财权，这表明中央对于财权的确立是非常慎重的。财政权的分配是国家权力的核心，在急剧变迁的中国社会转型之中[1]，中央要牢牢把握住财权（核心是财政立法权）。不仅仅是因为中国是单一制国家，更关键的是中国处于纵向的文明转型和横向的文明竞争的双重背景之下。[2] 比如日本也是一个单一制国家，但它就制定了《地方租税法通则》，赋予地方政府明确的财政权力。其实这隐含了一个重要前提，就是日本的现代化早已在 20 世纪就已经完成。第三个最重要的意义常常为学者们所忽视，就是分税制对于打破地方经济割据，促进市场经济的全国统一市场的形成有十分关键的作用。党的十四大明确提出要建立社会主义市场经济，市场经济的前提就是有一个广阔的自由的全国统一的大市场，而非计划的地方的封闭的市场。财政包干制在极大解放地方经济活力的同时，也造成了地方经济封闭等消极后果。而分税制正好打破了这一市场经济的枷锁。从这三点来看，1994 年分税制改革是中国财税法治建设的重大突破，不仅是经济改革，也是政治法律改革，更深一点可以说是宪制改革[3]。在通常的观念中，在 1998 年之前的财政危

---

① 自 1840 年以来的中国的现代化转型。到目前为止，我们仍在这一进程之中。

② 纵向文明转型指从农业文明转型为商业文明，横向的文明竞争为儒释道文明与基督教文明、伊斯兰教文明之间的横向竞争。详细内容参见张学博：《国际竞争视野下中国市场经济的法律保障》，《郑州航空工业管理学院学报》2013 年第 1 期。

③ 参见苏力：《何为宪制问题？——西方历史与古代中国》，《华东政法大学学报》2013 年第 5 期。

机应对阶段，属于改革开放初期，鼓励良性违法，是法治建设的低潮期。但是常识并不可靠，通过以上的分析，可以看出这个阶段很可能是改革开放之后财政法治建设前进最快的时候，其确立的基本财政制度，今天仍然在沿用。当然，这个推测还需要对比 1998 年之后时期的财政法治建设才能得出结论。

（二）公共财政探索阶段（1998—2012 年）

1998 年，李岚清副总理在全国财政工作会议上提出了"公共财政"的目标。对于什么是公共财政的内涵，学术界仍存在争论。高培勇和李炜光的观点比较有代表性，高培勇认为："公共财政是为解决中国自身问题需要而提出的一个富有中国特色的概念。'公共性'是财政与生俱来的本质属性，作为一个有别于计划经济年代的财政制度……实质是让传统中国财政体制机制回归'公共性'轨道的过程。"[1]李炜光的定义则更为简练："它是政府为市场提供公共服务的分配活动。"[2]相比较而言，李炜光的观点是纯粹学术的，而高培勇的观点更全面一点，即 1998 年国务院所提出的"公共财政"不是一个单纯一个学术概念，而是在过去计划经济向市场经济转型的背景下，完全为政府、国企提供支持的财政如何向整个社会提供财政的过程。正因为如此，公共财政的建设过程中，其公共性是被强调的最多的一点。从某种意义上讲，公共财政的提出是为了进一步建立和完善社会主义市场经济的需要。回顾市场经济体制演进的漫长历史，可以看出，在它旁边总是若隐若现地伴随着公共财政的影子。二者相互制约，相互促进，交替推动。[3]公共财政的建立和完善过程与市场经济的建立完善过程大致是相一致的。

在公共财政建立完善阶段，中国的财政法治建设也有一些大的进步。

---

[1] 高培勇：《公共财政：概念界说与演变脉络——兼论中国财政改革 30 年的基本轨迹》，《经济研究》2008 年第 12 期。

[2] 李炜光：《建立公共财政体制之理论探源》，《现代财经》2001 年第 2 期。

[3] 参见李炜光：《论公共财政的历史使命》（上），《财政研究》2002 年第 3 期。

首先是清费正税，并在此基础上废除了农业税，在中国历史上属于一个历史性的突破。其次是进行了收支两条线改革，对预算管理不断进行规范。1993年通过了预算法，虽然离现代预算制度还有较大距离，但毕竟在正确的道路上行驶。再次是随着中国加入WTO，我们逐步统一内外税法，包括个人所得税法，企业所得税法，增值税试点不断扩大。各类企业都受到国民待遇。这也是宪法规定法律面前人人平等的在财税法治领域的具体表现。

　　1994年分税制改革之后，中国形成了一个中国特色的财政体制，即非对称性分权财政体制。所谓非对称分权就是收入倾向集权，支出倾向分权的财政体制状态。我国中央财政收入占整个财政收入比重呈稳步上升趋势，但中央财政支出比重却呈下降趋势，非对称性分权特征比较明显。[1]从1998年起，中央财政收入在整个财政中始终占到50%以上。这对于中国这样一个处于高速社会转型的国家从容应对一些大的公共风险和危机有着十分重要的作用。实际上，收入集权、支出分权的财政体制在各国比较普遍，[2]这样可以加强中央政府的政治控制力。但这个阶段被普遍诟病的县乡财政困难实际上并非分税制所造成。因为分税制本身只是解决中央与省级政府的税种划分，而省级政府以下又层层进行效仿，这才导致县乡普遍的财政困难。所以如何解决省级以下政府之间的财政体制是一个重要的问题所在。

（三）建设现代财政阶段（2013年至今）

　　党的十八届三中全会，面临新的时代背景，首次把财政定义为"国家治理的基础和重要支柱"，要求建立现代财政制度。[3]目前多数学者的共同认识就是："国家治理现代化是现代财政制度建设的逻辑起点，法治财

---

① 参见刘尚希、邢丽：《中国财政改革30年：历史与逻辑的勾画》，《中央财经大学学报》2008年第3期。

② 参见刘尚希、李敏：《论政府间转移支付的分类》，《财贸经济》2006年第3期。

③ 参见《中共中央关于全面深化改革若干重大问题的决定》全文。

政是现代财政制度建设的核心；在财政法治建设中，完善财政法律制度是根本，财政收支法定是主要内容，财政公开透明是工作保障，法治文化建设是基础。"[1]这也意味着在公共财政建设时期，核心内容在于对公共性的强调，而现代财政阶段，对法治财政的强调将成为核心所在。财政部最近印发了法治财政建设方案[2]就是一个明显的信号。财政法定原则的要求是财政基本事项由法律加以规定，其实质应从财政权法治化的高度加以把握。它最初表现为税收法定，并在夜警国家到社会国家的演进中扩展到预算法定，最终发展为财政法定。[3]

党的十八届三中全会决定明确提出要落实税收法定原则。这是一个强烈的信号，政府认识到税收法定原则对于推进国家治理体系和治理能力现代化具有基石性作用。命题已经提出两年半之久，一方面学术界讨论得如火如荼，另一方面实务部门却面临经济下滑的压力，为如何完成自上而下的税收任务指标而发愁。在中国的税法实践中，存在两种背道而驰的规则。表面上的"税收法定"要求税务机关按照法律规定来确定并征收税收，而事实上的"包税制"则成为事实上的潜规则。因为税收指标的完成与官员的"官帽"直接挂钩，所以相比明面上的规则，事实上的潜规则具有更迫在眉睫的压力。事实上的"包税制"的背后是国家财政收入的保证增长的要求。[4]两种明暗规则的并行，正是笔者担忧之处。现在离2020年已经只有三年半时间，而目前的财税法律体系中十几个行政法规尚未升为法律，财政领域的法律就缺失更多。这还只是财

---

[1] 马骁、李雪：《法治财政：现代财政制度建设的核心》，《经济研究参考》2015年第3期。详细内容参见卢洪友：《从建立现代财政制度入手推进国家治理体系和治理能力现代化》，《地方财政研究》2014年第1期；刘尚希、梁季：《税制改革20年：回顾与前瞻》，《税务研究》2014年第10期；马骁、周克清：《现代财政制度建设的逻辑起点与实现路径》，《财经科学》2014年第1期。

[2] 参见财税〔2016〕5号文件关于印发《法治财政建设实施方案》的通知。

[3] 参见刘剑文：《论财政法定原则——一种权力法治化的现代探索》，《法学家》2014年第4期。

[4] 参见张学博：《税收法定原则新论：从绝对主义到相对主义》，《上海财经大学学报》2016年第4期。

政立法方面的进展缓慢。更为严重的是前面所讨论的明暗两种规则并行。其实质就是税法实际执行效力很低。同时，理论研究与财税实践的脱节现象也十分严重。如果更深入探讨下去，财税法治面临的困境是整个国家法治建设的一个缩影。

三、中国财税法治建设之反思

（一）财税法治建设速度先快后慢

我们通常有一个观念：法治建设与经济发展紧密正相关。即经济基础差的时候法治建设也会比较慢，而经济基础较高时法治建设速度也会比较快。通过对改革开放后 38 年的财税法治建设的梳理，我们发现这一常识并不靠谱。在 1978—1997 年的财政危机应对阶段，那时的国民经济基础是最差的，但短短 20 年时间，所得税法纷纷出台，工商税制也基本确立起来，1994 年的分税制对政府间的财政关系也进行了大规模的改进（虽然还很不完善），预算法也在这个时间段出台。毫不客气地讲，那个经济基础较低的 20 年，恰恰是改革开放之后财税法治建设速度最快的时期。管中窥豹，那 20 年也可能是整个法治建设最快的时期。在之后的公共财政时期，财税法治建设也有进步，比如内外税制逐步走向统一，城乡二元税制也逐步走向统一，但整体上公共性强调的较多，对于法治的强调停留在面上居多。当然，随着改革进入深水区，财税法治建设的推进会触动到很多既有利益，所以财税法治建设的推动就比较缓慢了。改革开放之初，大家对于改革有比较强烈的共识，而且利益群体比较简单划一，但随着改革的不断推进，利益群体的不断分化，共识更加难以凝聚，法治建设就趋于缓慢。所以客观原因和主观原因同时存在，导致了这个结果：经济基础差的时候法治建设的速度反而较快，经济基础发展了反而法治建设的速度变缓慢了。有的学者认为，就是社会逐步分层了。利益越来越多元化，改革和立法问题就进展缓慢了。

（二）财税法治建设往往由危机倒逼而来

对改革开放之后中国财税法治建设历史进行梳理之后，可以发现财税法治建设的每次重大进步都是重大危机之后的应对而来。这也印证了毛泽东同志的那句话："大乱之后才能有大治。"钱穆先生曾提出一个观点："任何一种政治制度，实施时间长了之后，其弊病都会暴露出来，而且时间越长，弊病就越多。"[1] 改革开放之后的一段时间里，是我们迫切需要解决国民经济困难的时期，所以我们改革的动力特别足。包括所得税法，工商税制的完善，基本上是在这个时期建立起来的。预算法，财政领域的核心法律之一，也是这个时期出台。反而随着经济的快速发展，到了1998 年之后，虽然也有发展，但整体上在财税法治建设方面的进步步伐比刚刚改革开放时要小很多。这给我们的一个启示就是问题并不一定是坏事，危机也是契机。改革开放之初的 20 年可以说是财税法治发展的黄金时间。

在这 20 年中，最初是全面的计划经济让大家吃不饱饭，这迫使从下而上的实行财税改革。开始是农村的包产到户，后来慢慢到城市里实行放权让利改革。先是局部地区，之后中央政府表示支持并向全国推广。之后这种"包干"思想又扩展到纵向的中央与地方的关系。财政包干制在全国推广。整个的财政体制就是从过去的全面中央计划到层层往下的财政包干制。所以回顾这个过程，就可以发现很多时候改革就是倒逼而来，而且往往是农村包围城市，[2] 地方自下而上的改革，中央只是对这些经验进行总结并推广而已。所以改革不能过于迷信总体设计，很多时候改革不是设计出来的，而是自下而上干出来的。另外一点就是危机往往是改革的契机。一种财政体制的惯性往往是很强大的。只要这种财政体制还能够维持

---

① 钱穆：《中国历代政治之得失》，生活·读书·新知三联书店 2012 年版，第 3 页。
② 之所以中国革命和中国的改革总是农村包围城市，主要原因就是农村的问题更加严峻，积累得更久，人们实在没办法了，所以就倒逼改革。而城市里的条件相对较好，危机没有那么严重，所以往往改革更加缓慢。

下去，就很难改革，或者从另外一个角度来说还没有改革之迫切必要。相反，最近 10 年，中国的经济总量已稳居世界第二，财政收入增速迅猛，反而改革动力不足了。因为危机不大所致。这也是为什么美国、日本都要为自己预设一个假想敌的原因。因为只有把自己置身于危机或者可能的危机之中，一个国家或民族才会有动力去推动改革和创新。

从 1978 年到 1985 年这是第一次财政危机应对和改革，但只过了 10 年左右，财政包干制在极大释放地方政府和企业的活力的同时，又表现出了自身极大的弊端。只不过 10 年时间，财政包干制就无法继续下去了。其直接体现就是中央财政没钱了，连续 3 年靠借债过日子。这对一个中央集权传统的单一制国家而言是极其危险的。一个显而易见的事实，一个大国，如果中央政府没有足够财力，他无法应对任何突发其来的自然灾害、经济危机和公共事件。中国历史上这样的例子举不胜举。比如清朝政府就亡于一场保路运动。中央政府在与地方政府博弈之时，如果没有足够财力，自然没有足够权威。当地方政府财力雄厚之时，中央的权威也往往下降。晚清、北洋军阀、国民党政府就是三个典型的例子。正是在这样的危机情形之下，1994 年分税制登上了历史的舞台。直到今天，我们的财政体制的主体格局仍然是分税制。

当时过 22 年之后，我们回顾分税制，仍然不得不惊叹危机之下，未必不能有长远之策。先前的研究就已经表明分税制是一场有宪制意义的财政改革，其影响在当时还不足以看出全貌，今天也许才能稍微看清楚一些。尽管很多人把诸如房价高涨、县乡财政困难、看病难等社会问题都归罪于分税制，但越来越多的学者看到分税制某种意义上是支撑中国社会主义市场经济的基石。[①] 财政包干制不可能支撑社会主义市场经济的长期发展，更可能导致中央政府权威的下降，甚至导致分裂的严重后果，而财政联邦主义源自于欧美的联邦体制，不可能放之四海而皆准。这次分税制改革不仅是经济意义上的，也是政治法律意义上，甚至是宪制意

---

① 参见刘尚希：《分税制的是与非》，《经济研究参考》2012 年第 7 期。

义上的改革。至少在几个方面，分税制改革是非常成功的。一是为市场经济的形成和全国范围的大市场打下了坚实的基础。今天中国在全国范围内已经基本形成市场经济大统一的大市场，有两个核心要素。一个是分税制，另一个是电子商务的发展。而前者是基础意义上的。在分税制出现之前，中国经济就是诸侯经济，地方保护主义普遍，而在分税制实行 20 年之后，这个问题基本得到解决。二是分税制首次从法治层面梳理了中央政府与地方政府的财政关系。尽管是国务院行政文件的方式，尽管还是粗线条的，但是毕竟是万里长征走完了第一步，一场好戏拉开了序幕。相比财政包干制下的中央政府与地方政府每年进行财政谈判，分税制要稳定得多。稍懂财政史的人都知道，1994 年以前的财政体制，基本上是三五年就要做一次大的调整，很难稳定下来。[1] 分税制能够 20 多年不变，在新中国历史上绝对是创举。中央财政与地方财政的关系就是中央与地方关系的缩影。因为在一个现代国家所有权力中，财政权是最核心的权力。所以新中国成立之后，可以说中央与地方的财政关系一直处于收放不断循环调整之中。中国共产党在新中国成立之后，很长一段时间里都面临着中央与地方关系的把握问题。尤其是在早期革命领导人时代，那些手握重兵的地方大员，事实上存在着割据地方反叛中央的可能。这也是早期"高饶事件"、"庐山会议"爆发的真正原因。[2] 习近平总书记在第十八届中纪委第六次会议上再次提到"党内野心家"的问题，并指出有人扬言"生入中南海，死入八宝山"。[3] 宪制并不仅仅关涉狭义上的政治问题，它的最核心问题就是权力和利益的分配。税收、财政、金融体制在现代国家中央与地方的关系中占据了重要地位，因为税收的征管和分配是从根本上影响中央与地方关系。实践表明，分税制的实施

---

① 参见刘尚希：《分税制的是与非》，《经济研究参考》2012 年第 7 期。

② 参见苏力：《当代中国的中央与地方分权——重读毛泽东〈论十大关系〉第五节》，《中国社会科学》2004 年第 2 期。

③ 参见习近平总书记在第十八届中纪委第六次会议上的讲话，《人民日报》2015 年5 月 3 日。

开始把中央与地方分工合作的关系导入一条制度化的轨道。

（三）事权、财权、财力与支出责任的关系未厘清

1994 年的分税制改革确立的是根据事权确立支出的原则，参考事权财权匹配的原则。而学术界普遍认为分税制之所以造成后来的种种弊病，问题在于未能建立财权事权相匹配的制度。但在党的十七大报告中提出健全中央和地方财力与事权相匹配的体制。[①] 党的十八届三中全会决定又提出建立事权与支出责任相匹配的制度。官方的正式文件从未将财权与事权匹配作为确立中央与地方关系的原则，而是先采用财力与事权相匹配的原则，之后又提出事权与支出责任相匹配的原则。一些学者认为这是修辞的问题，其实不然。之所以采用财力与事权相匹配，而非财权与事权相匹配，是因为在目前的中国国情下，对于地方政府不能赋予其与事权相对应的财权，只能在确定中央政府财权前提下保证地方政府财力与其事权相匹配。环顾各个国家，财权集中于中央，通过财政转移支付来保证地方财力的做法并非中国特色，而是各国通例。从党的十八届三中全会决定来看，具体主要通过事权适当上移和财力下移来解决目前的问题，同时逐步完善地方税制，赋予地方政府一定的税权。比如房地产税、遗产税、环境税、资源税等。但这些税权不可能完全替代中央政府的财政转移支付。中央政府的财政转移支付既是在全国经济发展不平衡情况下进行公共服务均等化的前提，也是保持中央政府政治控制力和权威的重要手段，只能是不断用法治的方式来规范，而非减弱。

从党的十七大报告到十八届三中全会决定表述的改变，实际上是中央对于财政体制的深层思考。美国政治学者福山把现代政治诸要素归纳为三点：强大的政府、法治和问责制。后两个要素是用来制约第一个要素的。[②]

---

① 参见《高举中国特色社会主义伟大旗帜　为夺取全面建设小康社会新胜利而奋斗》。

② 参见李炜光：《公共财政：现代国家的"哥白尼式转向"》，《国际税收》2014 年第 4 期。

后两个要素是我们目前的短板。财政权又是现代政治中的核心权力，所以财政问责制实际上是一个现代政府的核心要素。正因为如此，十八届三中全会《决定》提出了建立事权与支出责任相匹配的制度。这里面实际上有三个概念，事权、财力与支出责任。一级政府拥有一定的事权，那么随之给你保证了相匹配的财力（不论是法定财权还是通过财政转移支付或者发债），那么你对应的要承担相应的支出责任。在过去几十年里，对应财力与事权匹配强调得太多，但却忽视了财力的使用的监督，财政支出的绩效如何，财政支出的责任无人承担。简而言之，各级政府都在争取项目资金，但对于怎么使用资金，反而无人关注，自然也就无所谓财政支出责任了。大家有一个简单的凯恩斯主义的观点，就是政府花钱就会带来乘数效应，就会拉动经济增长。至于花钱用于什么，是什么样的经济增长，就无人关注了。这可能是未来我们要致力于解决的大问题。解决了财政责任问题，实质上就实现了财政民主，财政也就成为代表人民的财政。

（四）法学界对于财政的研究不够充分

另外一个值得担忧的问题就是法学界对于财政问题的研究十分忽视，少量的研究也停留于规范研究。相比而言，对于财政法治建设的大量有价值的研究来自于经济学界，主要又体现为财政学界。大量的财政学者不仅从财政本身来对财政问题进行了深入探讨，而且都认识到只有通过财政法治，才能真正推动中国的国家治理现代化。比如高培勇、贾康、李炜光、刘尚希等的研究对于财政在国家治理现代化的核心作用都有什么进行了深入的探讨。大量财政学家都认识到只有法治才能真正实现财政问责，才能建立起现代财政制度，从而推动国家治理体系和治理能力的现代化。这在国外也有类似的问题。如在美国，作为经济学家的布坎南，其越到学术生涯的后期，越强调立宪经济学，认为公共财政问题本质上是一个宪法问题，而不仅仅是一个公共政策和公共选择问题。财政问题是现代国家权力的核心问题，法学界对这个问题的认识，在全面推进依法治国的今天，仍是远远不够的。

　　以上还只是认识观念的问题。在一些精细具体的制度研究方面，法学界的表现就更加欠缺，尤其缺乏广阔跨学科视角。甚至一些非专业学者都进行了很好的关于财政制度的研究。比如赵燕青等人对于土地财政的研究，[①] 就很有见地，甚至对主流的经济学家周其仁[②] 等进行了挑战。另外华中乡村治理中心的贺雪峰团队所进行的中国农村土地制度的研究[③] 也非常深入透彻。诸如土地财政等问题，这都是非常现实的财政法治的重大问题。突出表现就是现在的财税法治研究更多的聚焦于概念研究和比较研究，而非以真正发生在中国的财政问题为研究对象。好的研究应该立足于现实的问题，而非从理论出发，不论是借鉴外国经验，还是逻辑建构，都应该是辅助的，只有建立在对现实问题的跨学科深入研究基础上，才可能真正提出有效的应对之策或者立法建议。对于一些基础性问题，也缺乏创新的简介，停留在对国外理论的介绍和解释阶段。比如税收法定原则。目前财税法学界的研究局限于对日本学者的翻译和解释阶段，一味站在规范层面指责执行机关不与国际接轨。这样的研究范式使得理论研究与税法实践之间的"两张皮"现象越来越严重。文本上的税收法定要求税务机关按税法进行课税，但实践操作中的税收指标则层层下压，税务机关完全风行另外的实用主义规则。理论界与实务界互不买账的现象必然产生。

　　在财政法治领域，一定要打破学科界限，跨越法学和经济学界限，对现实问题进行研究，尤其是近年异军突起的财政社会学和经济史学。财政社会学把财政视为连接社会各个系统的核心连接点，认为财政是观察人类社会最好的窗口。在瓦格纳看来，"社会"是一个广义的社会体系，由经济系统、政治系统和社会系统三个子系统组成，它们之间相辅相成，不可偏废。而财政则处于这三大子系统的"节点"上，是联结各子系统的媒

---

① 参见赵燕青：《土地财政：历史、逻辑与抉择》，《城市发展研究》2014 年第 1 期。
② 参见北京大学国家发展研究院综合课题组：《还权赋能——成都土地制度改革探索的调查研究》，《国际经济评论》2010 年第 2 期。
③ 参见贺雪峰：《破除"还权赋能"的迷信——以〈还权赋能——成都土地制度改革探索的调查研究〉的主要观点与周其仁教授商榷》，《南京师范大学学报（社会科学版）》2013 年第 4 期。

介。[①] 由瓦格纳开启，葛德雪和熊彼特创立的财政社会学对于今天的财税法治研究有着特别的方法论意义。正是从财政社会学出发，文章提出历次的改革都是由于爆发财政危机而导致。

（五）财税改革与财税立法的关系问题

改革开放四十年来，面对财税改革与财税立法的关系，并未有一个比较清晰的界定。比如在有的领域，如所得税领域，采取了先立法，立法推动改革的方式，由外及内的方式。在有的领域，如流转税领域，营业税改增值税，则采取了先改革，并且不断进行试点，最后逐步向立法靠拢的方式。房地产税也采取了先局部试点的方式。但在涉及全局性的分税制改革时，又采取了政策（以国务院文件的形式）的方式在全国统一进行。不能笼统地说哪个领域做得好，哪个领域做得不好。因为总体上，这些财税改革大体都与当时的社会背景相适应，而且发挥了比较积极的作用。这些财税改革基本上都是当时"不管白猫黑猫，抓到老鼠都是好猫"的产物。那么经历了 40 年的财税改革，我们对于财税改革与财税立法的关系可能需要进行一个反思和总结。因为不进行理论总结，就无法找到过去工作的经验和教训。比如房地产税通过试点，似乎就没有取得预期的效果，对于进一步房地产税立法也没有起到应有的促进作用。这说明不是随便哪只猫都能抓到老鼠。改革在不断推进，不断有新问题出现，所以要对过去的经验进行不断总结，并进行厘清，研究"哪些财税改革是必须先立法后改革，哪些财税改革是可以先改革后立法"的问题。如何处理重大改革必须于法有据与发挥地方改革积极性问题之间的关系？对这些问题，目前学术界都没有进行细致深入的探讨，如果不解决这些问题，下一步的财税体制改革则缺乏方向，2020 年建成现代财政制度也困难重重。对于改革开放以来中国财税立法的两种模式，即"试点模式"和集权模式仍然缺乏细致的

---

① 参见李炜光、任晓兰：《财政社会学源流与我国当代财政学的发展》，《财政研究》2013 年第 7 期。

研究。

四、中国财税法治建设走向何方？

党的十八届三中全会明确指出，财政是国家治理的基础和重要支柱，科学的财税体制是优化资源配置、维护市场统一……必须完善立法、明确事权、改革税制、稳定税负、透明预算、提高效率，建立现代财政制度，发挥中央和地方两个积极性。[①] 财政的作用被上升到前所未有的高度。前文对于中国改革开放 40 年财税改革的历史进行了粗线条分析，大致可以把过去 40 年财税改革的经验教训总结为几个方面：一是，改革速度放慢，危机倒逼改革的历史事实；二是，事权、财权、财力与支出责任的关系未厘清；三是，财税法治的理论研究十分薄弱，并且存在脱离实践的问题。四是，对于财税改革与财税立法的关系尚未厘清。基于以上问题，未来的财税改革可以适当参考以下方面的意见。

（一）要重新审视财税法治新常态

改革开放 40 年，中国经济总量已经稳居世界第二，未来还可能成为世界第一，但同时经济增速放缓，给我们的感觉是危机离我们很遥远，但深层次的改革推进缓慢，财税改革推进缓慢就是一个典型案例。党的十八届三中全会提出要在 2020 年落实税收法定原则，并且制定了时间表，到目前已经过去接近五年的时间，只出台了三部税法。目前现有十几个税收条例，再加上新要开征的房地产税、环境税法、资源税法等，至少有十多部法律，那么现在离时间截止日大概有二年时间，这意味着至少每年要通过六部法律。依照目前的财税改革速度，实现预期目标的难度很大。自去年以来，经济下行的压力在增大，经济增速相继破八、破七，这都对我们

---

① 　参见《中共中央关于全面深化改革若干重大问题的决定》第五章，2013 年 11 月 12 日中国共产党第十八届中央委员会第三次全体会议通过。

的改革构成一定压力。但回顾改革开放 40 年的历史，经济压力和财政压力不一定是坏事，我们的很多财税改革就是在财政危机的压力之下才破茧而出的。没有压力就没有动力。危机到了一定程度反而会转为一个契机，推动改革的进程。如果经济一味高速增长，反而有可能会掩盖很多问题，失去改革的紧迫感。

今天，经济速度放缓，不少地方政府财政收入增速放慢，甚至有的地方出现负增长。这在笔者看来不是延缓财税改革和法治建设的理由。因为恰恰因为财政收入出现问题，经济放慢，才更要加快推动财税改革和法治建设的步伐。回顾美国的里根时代，当里根宣布税制改革法案的当年，经济速度下降，但里根坚定不移地推动税制改革，结果美国经济连续出现了 108 个月的高速增长。1994 年分税制改革当年，我们也对实行分税制之后的财政情况十分担心，结果不仅当年就实现了增收，而且分税制改革奠定了整个社会主义市场经济的基石，成为新中国历史上维持最久的财税体制。

所谓新常态，也就是今天的整个利益格局大了，利益群体也高度分化了，社会阶层出现了比较多元化的情况。因而推动改革的难度再加大。这要求我们更多的可能采取民主和法治的方式来推动改革，而不仅仅是抓住"老鼠"就行。另外一点就是要落实税收法定原则，更多的还是要依靠全国人大和财政部门的合作来进行。目前来看全国人大的力量相对比较薄弱，在财政这样非常专业的领域，还是需要与财政主管部门通力合作来进行。同时要逐步加强全国人大相关专业力量的建设，逐步向全国人大独立立法转变。

（二）坚持并逐步完善分税制

对改革开放以来中国财税法治建设历史的回顾，我们可以发现分税制实施以来是中国财政体制最稳定的一个时期，尽管也出现了县乡财政困难等问题，但分税制对于稳定中央与地方的财政关系、加强中央政府的政治控制力、解决东中西部地区不平衡、建立全国范围内的大市场起到了基础性的作用。而且客观的分析可以发现，县乡财政困难并非分税制所导致，而是省以下地方财政体制所导致的问题。1994 年的分税制主要是解决中央财政与省级财政之间的关系问题，而并未提及省级以下地方财政之间的关系问题。但是在实践操作上，省级以下地方政府照搬了中央财政与省级财政之间的分税制，在省与市之间、市县之间也进行了分税。其结果就是越往下级政府，其分的税种就越少。但是事权层层下放，这才造成所谓事权与财力不匹配的现象发生。这是因为地方层层集中所致，首先是省的责任，而不是中央的责任。1994 年的分税制改革本来就是针对两个层级——中央与地方，而不是针对五级政府，但省以下的改革机械地照搬了中央与地方的分税制模式，层层分税，导致了层层集中，而办事的责任却是层层下移，甚至是层层加码。① 所以近年来，通过强调省级政府的财力下移，县乡财政困难已经大大缓解。

总而言之，在当前时期分税制的基本架构应该坚持并加以完善，而非推倒重来。对于分税制的完善，可以从几个方面着手。一是对于中央与地方的事权进行进一步的规范，一些涉及全国性的事权如社会保障等问题可以上升为中央事权，涉及全省性的事权要上升为省级事权，不能把所有事权都压到县乡。二是要完善地方税制，适当赋予地方政府一些税权，比如开征一些地方税种，如房地产税、遗产税、环境税等。并同时在一些税种上赋予省级政府一定的自由裁量权。比如个人所得税和房地产税的具体扣除标准和免税面积，就可以由不同省份自由来把握。因为中国是一个大国，但我们又实行单一制，所以既要保证中央政府对地方政府的政治控制力，又不能过于僵化，使地方失去积极性和灵活性。三是完善省以下财税体制。首先要明确省一级政府的辖区财政责任，不但要管好本级财政，还要考虑省域范围内省市县乡之间的纵向财政平衡和各个地市之间的横向财政平衡。其次要明确地市一级政府的辖区财政责任，以此类推。② 四是要

---

① 参见刘尚希：《分税制的是与非》，《经济研究参考》2012 年第 7 期。
② 参见刘尚希：《分税制的是与非》，《经济研究参考》2012 年第 7 期。

完善财政转移支付体制，要加快制定财政转移支付法。增加一般性转移支付的比重，减少专项转移支付。要真正做到减少专项转移支付，还是要依靠法治的方式。实际上朱镕基在其回忆录中已经谈到专项转移支付比重过高导致"跑部进京"的问题。但这个问题在过去十几年并未得到根本解决。因为权力本身有自我扩展的冲动。

（三）正确认识财税改革与财税立法的关系

1. 改革与立法关系的理论分析

引入本位法① 的概念，立法与改革的关系就能十分清晰地进行说明。

（1）本位法：改革在先，立法在后。对于本位法而言，改革就是为了推动其改变，或者是调整，或者是建立新法。这种改革基本上是先试点，成功以后再推广。例如，营业税改增值税，在我国经过了三个阶段，第一阶段：确定试点方案，并于2011年在上海开展交通运输业和部分服务业开始"营改增"试点；第二阶段：在全国区域和征收范围内逐步扩大试点，自2012年8月1日起至年底，扩大"营改增"试点至8省市，2013年8月1日起推广到全国试行，并将广播影视服务业纳入试点范围，2014年1月1日起将铁路运输和邮政服务业纳入试点；第三阶段：2016年5月1日至今，全面推开"营改增"试点，将建筑业、房地产业、金融业、生活服务业全部纳入"营改增"试点。待今后《中华人民共和国增值税暂行条例》和下位法《中华人民共和国增值税暂行条例实施细则》等修订完成后，此项改革就算完成。此次改革，对于本位法而言，是典型的"先改革后立法"。

（2）同位法：改革在先，立法同步。相对于某一项改革所涉及的本位法，其对应的同位法一般不会在改革还没有成功的时候先行立法的，必须

---

① 按照改革研究需要创设本位法的概念。任何一项改革都会在一定层面展开，这在特定的层面会有相应的法律规范，并有相对应的上位法和下位法。例如，近期的"营改增"改革，只涉及营业税和增值税的调整，那么改革的本位法就是营业税和增值税暂行条例，此项改革的上位法就是税收征管法，而改革的下位法就是营业税和增值税暂行条例实施细则。

在本位法立法时进行同时调整。如果同位法先行或推迟修订，必然会出现不同程度的相互抵触或者法律盲点。

（3）上位法：立法在先，改革在后。作为本位法的上位法，在改革本位法时，相应的上位法必须优先立法，才能实施本位法的改革。例如，如果此次"营改增"涉及"税收征管法"等上位法需要修订，则从依法治国的角度出发，必须先行对"税收征管法"等上位法进行修订，才能开始实施"营改增"的改革，否则就会使改革出现违法现象，不仅是本位法改革违法，同位法的协同也会出现违法问题，下位法要执行改革的本位法更是违法。

（4）下位法：立法在先，改革同步。对于改革本位法而涉及相应的下位法，一般都是本位法先行修改或立法，而后同步或稍晚进行立法或修订，无需进行试点等。例如，本次"营改增"，在《中华人民共和国增值税暂行条例》修订的同时，作为其下位法的《中华人民共和国增值税暂行条例实施细则》必须同步修订，否则在理论上就没法执行本位法。

综上所述，改革与立法的关系可以清晰地表述：对于上位法和下位法，立法优先；对于本位法和同位法，改革优先。如果本位法上面没有上位法，例如宪法改革，则依然是坚持改革优先的原则，这就是强调一些重大改革需要顶层设计的原因；如果本位法下面没有下位法，则更加简单，仍然是坚持改革优先的原则。

2. 长期看财税立法优先财税改革将利大于弊

（1）先改革后立法是特殊时期的特别需要。先改革后立法，即在上位法没有及时调整之前就对本位法实施改革，只能是在法律法规不健全的特殊时期的一个权宜之计，在法律法规日益健全的条件下，先改革后立法，即使是最好的改革，也会出现违法、遭到掣肘和难以落实等难题，从而使改革效果大打折扣。

（2）立法优先是依法治国的客观需要。依法治国是实现强国之梦和走向现代化的必由之路，任何改革也必须在合乎法律（上位法）的框架下进行，尤其是得到法律的保障，从而能够更好地推动改革的发展，有助于改革沿着正确方向发展，避免走入歧途，甚至倒退，更不会留下任何后遗症。

（3）立法优先有助于推动改革取得成功。任何一项改革，都需要创新，都会遇到各种难题。在本位法改革之前，上位法优先立法，不仅可以使本位法改革合乎法律，也可以在上位法中规定相关的同位法立法主体协调配合本位法的改革，要求下位法立法主体积极主动调整下位法，从而使改革得以顺利开展，最终取得改革的预期成果。

（四）加强财税法治理论研究

目前的财税法治理论研究仍然十分薄弱。一方面是欠缺财税法治基本理论的研究。另外一方面是关于财税法的跨学科研究十分薄弱。如财税史学，财政社会学等。在这些方面要充分的借鉴经济学界尤其是财政学界的最新研究成果，不能故步自封。除此之外，理论研究要加强与实务部门的沟通，理论要联系实际，不能从抽象到抽象，着迷于比较研究和国际经验，一定要用实用主义的精神来推动我们的理论研究。用社会科学的视角和精神来繁荣我们的财税法学，立足于当代中国财税法治实践，站在中国的城市和田野上，发现真正的财税法治问题，用历史和实证的眼光来梳理这些问题，并在此基础上提出可行的建议。

第四部分
中国税收立法模式的路径选择

第十一章　税收法定原则新论：从绝对主义到相对主义

一、研究基础和问题的提出

目前对于税收法定原则可追溯到 1215 年英国的大宪章运动。1215 年的英国大宪章已初露税收法定主义的萌芽；1628 年的《权利请愿书》曾规定，非经国会同意，不宜强迫任何人征收或缴付任何租税或类此负担，从而正式在早期的不成文宪法中确立了税收法定主义。[①]张守文认为税收法定原则包括"课税要素法定、课税要素明确和依法课征"三个方面的内容。这些观点最早来自于日本学者金子宏和我国台湾学者陈清秀。[②]覃有土、刘乃忠、李刚从语义学对税收法定主义进行了研究，对"税收""法""定"的概念进行了界定，认为税收法定包括"税种法定、税收要素明确和程序法定"三个部分内容，并希望在宪法中予以明确。[③]有学者对于税收法定的三要素说提出了质疑，尤其是程序法定部分。张永华、肖君拥就认为："日本学者金子宏在《租税法》一书中，将税收法定主义的内容概括为'课税要素法定主义、课税要素明确主义、合法性原则和手续之保障原则'等四项，该观点值得商榷。从三个方面可以证明税收法定主义所解决的是税法中的实体问题，而非程序保障问题。这三个方面是：该原则的目的是反对政府无故剥夺国民财产；税收法定主义的诸多功能来自对政府征税的要

---

① 参见张守文：《论税收法定主义》，《法学研究》1994 年第 6 期。
② 参见［日］金子宏：《租税法》，其中译本为《日本税法原理》，刘多田等译，中国财经出版社 1989 年版，第 47 页；陈清秀：《税捐法定主义》，（台湾）月旦出版公司 1993 年版，第 589 页。
③ 参见覃有土、刘乃忠、李刚：《论税收法定主义》，《现代法学》2000 年第 3 期。

求进行约束；程序保障包含于税收法定主义将使得该原则实际上成为不可能。因此认为税收法定主义只应包含税种法定、税收要素确定这两个方面的实体内容。"[1]

围绕我国宪法是否构成税收法定原则，李刚、周俊琪从法解释的角度对刘剑文、熊伟二学者在《税法基础理论》（北京大学出版社2004年版）一书中将《宪法》第五十六条确定为税收法定主义宪法渊源的观点进行了反驳，认为，只有正视税收法定主义在我国宪法中的缺失，以及由此在实践中造成的问题，并探求解决之道，才能为税收法定主义在我国宪法中的确立起到积极的推动作用。[2]

多数学者认为税收法定原则在税法中属于帝王原则。如王怡认为："以赋税问题作为看待财产权与宪制之关系的一个切入点，通过对财产权在先的论述，提出赋税的合法性问题。当前的财政危机导致对源自民间的赋税的依赖性增强，从而凸现出赋税合法性的危机。解决这一危机的方向是继续沿着财产权入宪的思路，确立'税收法定'的赋税模式。"[3] 关于税收法定原则的地位，有学者并不认同其他原则应低于税收法定原则之观点。如侯作前认为："税收法定与税收公平都是税法建构的基本原则。从历史和现实的具体语境看，当今世界在税法原则建构上正发生着从税收法定到税收公平的演变，体现了从形式正义到实质正义、从依法征税到以宪制税以及从人民主权到人权的法哲学变迁。我国正处于转型时期，面临着同时构建税收法定和税收公平的双重压力，对税收法定与税收公平都不能偏废，必须通过修改《宪法》第五十六条、完善税收立法、建立违宪审查制度等措施，同时实现税收法定和税收公平的构建任务。"[4]

还有学者从更宏大的视野（财税法定）来理解税收法定。刘剑文认

---

① 张永华、肖君拥：《论税收法定主义之内涵——对日本学者金子宏学说的一点质疑》，《财经理论与实践》2004年第1期。

② 参见李刚、周俊琪：《从法解释的角度看我国〈宪法〉第五十六条与税收法定主义——与刘剑文、熊伟二学者商榷》，《税务研究》2006年第9期。

③ 王怡：《立宪政体中的赋税问题》，《法学研究》2004年第5期。

④ 侯作前：《从税收法定到税收公平：税法原则的演变》，《社会科学》2008年第9期。

为："财政法定原则的要求是财政基本事项由法律加以规定，其实质应从财政权法治化的高度加以把握。它兴起于封建国家到民主国家的变迁过程中，最初表现为税收法定，并在夜警国家到社会国家的演进中扩展到预算法定，最终发展为财政法定。"① 从如何落实税收法定的层面，刘剑文进一步认为："在本土语境下，应当澄清和走出广义的法律界定、保守的立法策略和改革的惟效率论等认识误区，将落实税收法定原则作为推动改革发展和法治建设的突破口。落实路径应分三步走：一是从'无法'到'有法'，在改革中全面加快税收法律化进程；二是从'有法'到'良法'，提高立法质量，并在适当时机推动该原则入宪；三是从'良法'到'善治'，将税收立法、执法、司法和守法全过程纳入法治框架，并在税收法定的基础上进一步实现财政法定。"② 另有学者从纳税人权利视角来思考税收法定原则。如俞光远认为："落实税收法定原则的实质和核心，就是维护税法尊严，保护纳税人的合法权益。要落实税收法定原则，切实加强对纳税人合法权益的保护，必须多措并举，协同发力，包括完善税法体系、严格依法治税以及建立健全纳税人权益保护组织和相关体制机制。"③

全面深化改革进入到攻坚阶段，党的十八届三中全会提出要落实税收法定原则。这是一个强烈的信号，执政党认识到税收法定原则对于推进国家治理体系和治理能力现代化的基石性作用。但是学术界对于这个命题的研究集中于税收法定原则的学理表示，而忽视了这个命题的关键在于"落实"两字。在党的纲领性文件中对这个命题进行表示，意味着这已经不是单纯的学理问题，而是要从纸面上的"税收法定"走向实践中的"税收法定"。命题已经提出两年之久，一方面学术界讨论得如火如荼，另一方面实务部门却面临经济下滑的压力，为如何完成自上而下的

---

① 刘剑文：《论财政法定原则——一种权力法治化的现代探索》，《法学家》2014 年第 4 期。

② 刘剑文：《落实税收法定原则的现实路径》，《政法论坛》2015 年第 3 期。

③ 俞光远：《落实税收法定原则与纳税人合法权益保护》，《地方财政研究》2015 年第 11 期。

税收任务指标而发愁。

在许多人眼中，包税制是一种罪恶的制度，因为它使得纳税人的命运被操纵在贪得无厌的包税商的手中。然而，在近现代民族国家的建设过程中，包税制做出了非常巨大的贡献，因为它为国家建设提供了财政资源。同时，包税制也在一定程度上促进了现代民族国家的形成，因为它使得这些国家新兴的商人阶层与传统的权力精英都成为国家的"投资人"，从而降低了他们从这些新兴的政治实体中分离出去的动机。① 此外，最近在欧美等国，一种变形的包税制又开始出现。

学者们固然可以指责实践部门理论水平不高，执行能力太差，但是从另外一个角度来看，学术界对于税收法定原则的研究是否真的做到了理论联系实际，真正关注了"落实"，还是仅仅停留在概念比较，从抽象到抽象呢？罪刑法定原则从绝对的罪刑法定走向了相对罪刑法定主义，正是立法联系司法，理论联系实践的结果。大陆法系与英美法系的相互融合，执法和司法的自由裁量的不可避免，这都促使我们对现有的税收法定原则进行反思。因为一个理论的生命力在于其对经济社会实践的解释力，而非纯粹对于抽象原则地执著。

二、绝对税收法定的理论渊源和内容

（一）英国大宪章的神话

今天，关于罪刑法定原则和税收法定原则，几乎所有学者都把源头追溯到了 1215 年英国的大宪章运动。1215 年的英国大宪章实质上是英国贵族与英国国王斗争的产物。大宪章在要求倾听人民的呼声时，谈到了代议制政府问题。大宪章第 12 条规定，非经"大会议"同意，禁止国王向人

---

① 参见马骏：《包税制的兴起与衰落：交易费用与征税合同的选择》，《经济研究》2003 年第 6 期。

民强加税收。①1628 年，在国王查理一世统治时期，英国通过了《权利请
愿书》，重申了爱德华一世确认的"无同意课税法"。②那么今天几乎所有
的学者都把大宪章视为英国之所以成为现代国家的重要转折点，而其中最
重要的两个原则就是罪刑法定原则和税收法定原则。罪刑法定原则是关于
人身权的保护，而税收法定原则则被视为对公民财产权的消极保护。但今
天我们学术界对于 1215 年的英国大宪章的推崇似乎已经把这个大宪章过
于神化了。实际上，很多文献都表明 1215 年的英国大宪章主要是代表英
国贵族的利益，所谓的"人民"实质上是拥有一定财产的贵族。当然随着
后来世界人权运动的发展，这些本来主要是保护贵族的法律原则也被普遍
适用于所有公民。但是学者们不知是有意还是无意忽视了一个基本的问
题，英国大宪章以及后来的权利法案，实质上是代表资产阶级利益的，因
为对于人身权和财产权的绝对保护本身对于国家则可能是不利的，而社会
的弱势群体则不能受到国家的照顾，所以这些披上神圣光环的原则本身是
有所指向的。当然，在当时的历史背景下，公民的财产权和人身权的口
号，对于反抗国王特权，有相当积极的作用。

（二）法国人权宣言

法国人权宣言对于整个世界历史的影响极为深远。1789 年法国人权
宣言同样聚焦于人身权和财产权保护。其财产权保护分积极保护和消极保
护。第 17 条规定："私人财产神圣不可侵犯，除非当合法认定的公共需要
所显然必需时，且在公平而预先赔偿的条件下，任何人的财产不得受到剥
夺。"而第 13 条和第 14 条共同规定了税法原则。第 13 条是税收公平原
则，即"赋税应在全体公民之间按其能力作平等的分摊"。第 14 条规定了
税收法定原则，即"所有公民都有权亲身或由其代表来确定赋税的必要
性，自由地加以认可，注意其用途，决定税额、税率、客体、征收方式和

---

① See Joseph Wronka, *Human Rights and Social Policy in the 21st Century* ,University
　 Press of America, 1998, p.54.
② 参见李道揆：《美国政府和美国政治》，商务印书馆 1999 年版，第 789 页。

时期。"①法国人权宣言相比英国大宪章，大大前进了一步。如果说英国大宪章还是思想渊源的话，那么法国人权宣言则是以明确的解释性的语言对于税收法定原则予以了明确的界定。

（三）日本税法理论

目前对国内学者影响深远的其实是日本税法学界。以北野弘久和金子宏为代表。从功能主义视角来看，税收法定原则在其历史的沿革过程中起到了将国民从行政权的承揽者——国王的恣意性的课税中解放出来的作用。税收法定原则在现代商业社会中的机能正是在于它给国民的经济生活带来了法的安定性和法的预测可能性这两点。②金子宏进一步认为："税收法定原则包括六个方面的内容：课税要件法定主义；课税要件明确主义；合法性原则；程序保障原则；禁止溯及立法；纳税人的权利保护。"③相比英国大宪章和法国人权宣言，日本税法进一步从操作层面对税收法定原则进行了内容细化。而且日本税法理论从宪法理论中阐述了税收法定的法理依据，并从功能主义的视角分析了税收法定之必要性。对比前面国内学者的研究，可以看出国内学术界对于税收法定原则的理解基本上来自于日本学者。从日本学者的六要件选择了其中三个要件作为中国税收法定原则的基本内容。

从 1215 年英国大宪章，到 1689 年权利法案中税收法定思想萌芽，再到 1789 年法国人权宣言对税收法定的解释，再到日本税法学界对于税收法定原则的六要件阐述，完整构成了古典的绝对税收法定主义的内容。绝对税收法定主义与早期绝对的罪刑法定主义一样，强调对于公民

---

① 参见《法国人权宣言》，百度百科，http：//baike.baidu.com/link?url=izZq8uGnle-YX5pcJXmlFT7uGFYRwFbC4XIZ3eZuaJcpDa9ETov5OHKD6UjvRDaIJSqfnTywJBACfm1YBGpcZgK，最后访问时间：2016 年 3 月 10 日。

② 参见［日］金子宏：《日本税法》，战宪斌、郑林根等译，法律出版社 2004 年版，第 59 页。

③ ［日］金子宏：《日本税法》，战宪斌、郑林根等译，法律出版社 2004 年版，第 59—63 页。

财产权的绝对保护。他的思想渊源就是法国人权宣言中的私有财产神圣不可侵犯。在国王任意侵犯贵族和平民财产权的时期，绝对税收法定主义有其明显的进步意义，对于商品交易和商业文明的发展有不可估量的作用。

三、绝对税收法定的困境

就如何落实税收法定，学者们也设计了不同路径。刘莘、王凌光从立法保留的思路提出了税收法定的三条措施："废止授权立法；制定税收基本法；税收法定入宪。"[①] 陈国文、孙伯龙追溯了英国19世纪税收法定原则的发展历史，并对中国如何落实税收法定原则提出自己的建议："人大财税法案审议权的完善；人大专门财税委员会的完善；司法审查制度的完善。"[②] 李伯涛从2015年《立法法》的修改提出了"税收法定的立法表达"命题。他认为："《立法法》修改对税收法定原则中'法'的含义作了明确界定，并进一步细化了相关规定，在推动落实税收法定主义方面取得了实质进步。我国应以《立法法》修订为契机，在立法活动中全面贯彻实施税收法定主义，建立有中国特色的社会主义税收法律体系，实现税收法治的目标。"[③] 刘剑文、耿颖重点研究了我国目前存在的授权立法失范问题。他们认为："我国税收领域已在一定程度上出现合法性危机，失序、失范的税收授权立法更是税收合法性的重灾区，阻碍了税制改革的健康运行、经济社会的永续发展和税收法治的全面建设。因此，有必要正确理解税收法定、法律保留与税收授权立法等相关概念的关系，审思税收授权立法的规则和实践。为了建构税收授权立法的合法性基础，须从外在授权和内在行权两个维度协同用力，统合立法授权源头的必要性、明确性与授权立法过

---

① 刘莘、王凌光：《税收法定与立法保留》，《行政法学研究》2008年第3期。

② 陈国文、孙伯龙：《税收法定原则：英国19世纪的演进及启示》，《兰州大学学报（社科版）》2015年第6期。

③ 李伯涛：《税收法定主义的立法表达》，《学术交流》2015年第10期。

程的程序正义、实体正义，以保证税收授权立法权的正当行使。"①熊伟认为："税收法定主义是民主财政、法治政府的必然要求。我国现行立法早已确认了税收法定主义，但是，由于授权立法的大量存在，其功效未能有效发挥。结合执政党关于落实税收法定原则的要求，当前需要提请立法机关收回税收立法授权，妥善处理已有的授权立法，警惕税收行政立法的变相扩充。鉴于税收法定并非税法唯一的原则，也非最高效力的原则，还需要妥善考虑它与量能课税、实质课税、禁止溯及既往、契约自由等原则的协调。"②

也有学者从税收立法实践的视角来研究税收法定面临的困境。张守文认为："透过增值税立法试点的进程，我们可以观察和解析其背后的法律问题，剖析和挖掘各类税收立法中存在的共通性问题。既要看到我国税收立法的'试点模式'以往通行的必要性，又要特别关注其在合法性和合理性方面存在的不足。尤其应重视在授权立法和课税要素调整方面严格贯彻税收法定原则，防止立法'试点'对公平和效率产生负面影响，从而全面提升我国的税收法治水平。"③还有学者对税收法定的认识提出一些看法，认为要全面看待税收法定原则。王家林认为税收法定原则的落实，需注意几点："一是应统筹规划、区分类别、循序渐进地贯彻落实。二是落实税收法定原则不能影响税收调节功能的发挥。三是税收立法既包括全国人大制定法律又包括国务院制定实施条例和必要的税收政策。"④

随着时代的发展，税收法定原则的绝对性也遇到了挑战。理论本身具有先进性，但首先要对实践中面临的问题具有解释力。深入观察中国的税收法律实践，则可以看到，一方面税收法定原则已经写入党的纲领性文件，另一方面则在经济压力持续下行背景下，地方税务机关对于税收任务

① 刘剑文、耿颖：《税收授权立法权的合法行使：反思与建构》，《国家行政学院学报》2015 年第 5 期。

② 熊伟：《重申税收法定主义》，《法学杂志》2014 年第 2 期。

③ 张守文：《我国税收立法的"试点模式"——以增值税立法"试点"为例》，《法学》2013 年第 4 期。

④ 王家林：《应当正确理解落实税收法定原则》，《中国财政》2015 年第 20 期。

指标的层层落实。"当代中国的征税机制，不论名义如何，实际上都是税收收入预先定额、层层分包下发的包税制。征税机构和地方政府是作为承包商和代理人角色，被处于委托人位置的中央政府、上级部门要求必须完成一定的财政收入这一承包目标，这样导致的一个结果是出现事实上的包税制。税收任务目标的下达和完成，就是这种制度运作的特征。这种包税制在名称上并未被正式承认，却在事实上存在。"[①]这意味着，在中国的税法实践中，存在两种背道而驰的规则。明面上的"税收法定"要求税务机关按照法律规定来确定并征收税收，而"包税制"则成为事实上的潜规则。因为税收指标的完成与官员的"官帽"直接挂钩，所以相比明面上的规则，事实上的潜规则具有更迫在眉睫的压力。事实上的"包税制"的背后是国家财政收入的保证增长的要求。

"税收法定原则"不仅仅在于其对于公民财产权的保护，而且在于其可以为整个社会提供安定性和可以预测的未来。从这一点上来说，"税收法定原则"无疑是优于"包税制"的。但中国的"包税制"也有其深刻的社会背景。中国正处于社会转型时期，数千年未有之大变局要求有一个强大的中央政府。而一个强大的中央政府需要稳定的财政汲取能力作为保障。另外一个原因在于，中国国民目前的纳税意识应该说总体上不强，没有一个强制性的力量来进行组织，财政收入无法保证。所以目前中国税收法定的最大困境在于理论与实践的高度脱节。绝对的税收法定主义存在浪漫的理想主义色彩，与税收实践存在太大的差距，所以需要予以适当调整。对于税收实务部门而言，如果法律规则或原则过于富有理想主义色彩，以至于在实践层面无法实施，那么他们又面临着实践中另外的考核压力，那么他们必然会选择另外一个与他们自身利益相一致的潜规则。无法完成上级税务部门层层下压的税收任务指标，那么他们自身的职务就无法得到保障。

---

① 李熙：《"税收定额任务"产生"过头税"》，网易，http://3g.163.com/news/15/0114/09/AFTMJ6CP00014JHT.html，最后访问时间：2016 年 3 月 15 日。

税收法定原则，相比税收包税制，毫无疑问符合现代商业文明的要求。但落实税收法定原则除了有法可依之外，更大的问题在于有法不依。这也是党的十八届三中全会提出的国家治理能力现代化的关键之所在。有法不依的问题，可能有两个方面的因素：一个是整个国民的素质不高，对于税收有很强的抵制心理，另一个则可能是我们的法律原则和规则与税收征管实践相差太远，使得税收征管机构无法实施。法律原则是历史的产物。每个国家不同的历史阶段，其法律理念应该体现其时代性。那么中国处于的这种飞速发展的转型时期，面临纵向的社会转型和横向的国际竞争两方面的压力，本身对于税制有着较强的灵活性要求。那么税收法定原则的绝对主义，虽然看上去很美，但无法适应今天中国的税法实践的需要。这使得我们又想起了霍姆斯："法律的生命在于经验而非逻辑。"

四、相对税收法定的思想背景和主要内容

面临着绝对主义的税收法定原则和税收实践中的包税制，我们必须找出一条解决的道路，解决理论和实践的巨大分歧。当理论和实践出现巨大分歧时，两种都应该做出一定的让步，才可能进行良性道路。包税制毫无疑问，是一种非常原始的税收征管体制。如果说中国经济总量的高速增长让全世界刮目相看的话，那么税收征管体制还依靠原始的包税制，则暴露了中国国家治理能力的内在不足。包税制隐含着国家与国民之间的不信任和单方面的强制性。也就是说政府无法依靠国民自觉的缴纳税收来维持国家治理所需要的财政税收收入，只能依靠自上而下的单方面的行政强制来实现对财政收入的组织，从而保证整个国家的运行。由于这种财政税收的组织是单方面、强制性的，税务机关与国民之间是不平等的关系。单方面、强制性、不平等都进一步降低了国民对政府的信任和遵从度。这反过来使得税收征管成本极度高昂，国民普遍存在偷逃税行为。从日常经验来看，公务员、教师、私企工作人员、农民工等各个社会群体都不以多缴纳税收为荣，反而以少缴不缴税收为荣。这从另外一个角度暴露了国民没有

其主人心理。

张怡从税收法定的发展前景来分析，把税收法定分为衡平法定和税收实质公平两个阶段。她认为："税收法定主义原生于民主并以'议会'为权力标志决定税赋的取舍与存废，而在均衡与非均衡经济制度迥异的境况下，'议会'权衡公平与正义之基石如何安放，岂能以泛公平论轻率涵盖之。很显然，我国非均衡经济被植入了解构自然平衡的基因——国家普遍深度干预，以致原生态的均衡经济内在的自然公平状态被打破，加之政府及主管部门干预的恣意与'任性'，名曰公平税收实乃无意识地借公平之美名而倍行不公平，势必导致社会财富分配不公的尺蠖效应，在此，理论上深入反思并从实践中强化逆调整，方能在税收衡平与法定之下促成非均衡经济社会的实质公平。"①

所以，现实的选择是对绝对主义的税收法定原则予以相对化，赋予财政税务部门和地方人大一定的自由裁量权。罪刑法定主义也经历了早期绝对主义的罪刑法定主义，到现代的相对的罪刑法定主义。这背后既是辩证法使然，也是社会生活的发展所致。没有绝对的权力，也没有绝对的权利。不论是人身权，还是财产权，都不是绝对的。公共财产权概念的提出，实际上把财税法视为公共财产法的部分，财税法实质上就是合法的将私人财产权转化为公共财产权的法律规则。随着经济的高度社会化，社会分工越来越细，人与人之间的依赖越来越强，所以不可避免地需要政府作为公共机构来进行资源配置和提供公共服务。如果遵循绝对的私人财产权观念，那么作为公共机构的政府将无法获得足够的财力来支撑其运转。所以无论是私人财产权，还是公共财产权，都不是绝对的。如果公共财产权是绝对的，那么私人财产权无存在之空间，个人将没有动力不断进行创新。因为这不符合成本收益最大化的逻辑。反过来说，对私人财产权的无限制保护，也会使得公共财产权无法得到有效的保障，使得公共事业成本

---

① 张怡：《税收法定化：从税收衡平到税收实质公平的演进》，《现代法学》2015年第3期。

过于高昂，而变得难以推动。观察西方很多发达国家，今天的基础设施建设，由于拆迁成本过于高昂，无法进行。从历史的视野来考察，私人财产权和公共财产权都是相对的，是可以相互转化的。只要在两者之间有一个相对平衡的转化机制，就可以使得整个经济社会的运转最有效率。中国历史上的土地制度，实质上就是土地公有制和土地私有制的混合体。井田制就是一个典型的例子。一块公田周围环绕着八块私田，私田的产品归农民自己所有，而公田的产品作为赋税归领主所有。两千多年的中国历史，实际上就是围绕着土地制度在展开。但不论哪朝哪代，都无法实现彻底的土地公有制或者彻底的土地私有制。总之，关键是在公共财产权和私人财产权之间获得一种平衡，即两者的转化应该是成本较低的，这也符合科斯定理的法律经济学逻辑。正因如此，文章才提出相对主义的税收法定原则。结合现行税收法定原则实践中面临的实际问题，相对主义的税收法定原则重点包括以下方面的内容。

首先，是关于地方的税收立法权。目前税收法定原则遇到的一大困境就是与地方财政自主的冲突问题。按照绝对的税收法定原则，地方政府在税收立法权上无任何之空间，包括税种、税率、税基等方面。那么在目前进行的税制改革中，就遇到很多问题。比如个人所得税法改革。每个省的经济发展水平参差不齐，在个人所得税的具体标准上，却无任何自由裁量之权。这本身就不符合量能课税之公平原则。另外面临同样问题的，还有正在进行的环境税改革和房地产税改革。中国作为政治经济发展极不平衡的大国，各个省市的经济社会发展水平差异很大，按照一刀切的方式来课税，违反了税法公平原则。所以，给予地方人大机关在税法上的一些具体标准（如税率、扣除标准）等方面的规则制定权，符合税法公平原则。在未来时机成熟时，也可以考虑制定地方税法，赋予地方新税种开征权。

其次，是关于税收机关的自由裁量权。关于税收征管程序的问题，建议不要纳入税收法定原则的内容中来。目前税收征管机关对于税收征管中出现问题进行的大量税法解释，尤其是关于程序问题，不宜一概否认其合法性。比如一些税收优惠政策的具体实施程序。一些非程序问题，也要视情形考虑其合法性。比如国务院制定了新能源汽车的税收优惠政策，但是具体哪些新能源汽车车型可以适用税收优惠，税务机关制定的车型目录，就并非程序问题。这种对税法进行的解释性规则，则不可一概否认其合法性。可以考虑借鉴日本战后的蓝色申报制度。对于符合一定资格的纳税人，由税收征管机关授予其蓝色申报人资格。纳税人获得蓝色申报人资格后，可以按照蓝色表格进行纳税申报，并获得相应纳税之优待。这对于目前国内纳税人消极进行纳税申报的现状，是一个不错的征管方式。

然后，是关于合法性原则。按照绝对主义的观点，税务机关无权就法律上予以明确的内容予以变通。然而现实生活瞬息万变，法律有限而情事在不断变更之中。所以民事诉讼法中有情事变更原则，而刑事诉讼法中有辩诉交易制度。税务机关与纳税人就纳税时间、方法达成的和解、协定一般应认定其不合法。但是如果对纳税人义务进行减免税这样一些对纳税义务者有利的行政先例法已经有先例时，税务机关则应受此约束。①

最后，是关于禁止溯及既往原则。通常无论在刑法中，还是税法中，都禁止法律溯及既往。刑法中一般奉行从旧兼从轻原则。这一原则实际上也可以借鉴到税法中来。禁止溯及既往原则是一个法治的通行原则。不能用现在的法律来约束过去的行为，这是反对封建专制的重要成果之一。但是随着经济社会的发展，人们发现这不是绝对的，因为新的法律不一定是对纳税人不利的。如果是对纳税人有利的新税法规则，则可以予以适用。

---

① 参见［日］金子宏：《日本税法》，战宪斌、郑林根等译，法律出版社 2004 年版，第 62—63 页。

第十二章　地方试验主义治理的合法性分析 [1]

一、地方试验主义治理的兴起和发展

所谓"试验"是指，在特定的时间或空间范围内试行某一法律或行政的措施或机制，并通过科学评估来检验其有效性和妥当性，从而将检验合格的措施或机制推向全国。[2]20世纪以来，随着国际社会局势、现代社会发展等多方面因素的复杂化，世界上不少国家和国际组织，开始尝试在社会生活的一些方面采取"试验"的方法，以期以点带面，为宏观政策积累经验，产生了大量的"试验"实践；[3]与此同时，学界也对这些"试验"的理论内涵进行了深入的探讨，为地方试验模式的未来发展奠定了基础。

"试验主义治理"或"试验式治理"理论，因近年来在欧盟治理中的广泛实践，在欧洲得以较为全面完整的论述。在这些研究中，学者的观点主要分为三个方面：一是，研究"试验式治理"的特点，以扬长避短，优化治理模式；二是，研究"试验式治理"的前提条件，讨论"试验式治理"适合的社会环境，以更好地扩展其适用范围，让更多的国家和人民受益；三是，寻找"试验式治理"的内在逻辑，试图发掘其本质价值及其在政治、法治上的独特意义。

对于"试验式治理"的内在逻辑的研究，由于当前欧盟的实践并没有

---

① 本章的大量基础性文献收集整理工作由胡瑞琪硕士完成，特此表示感谢！
② 参见王建学、朱福惠：《法国地方试验的法律控制及其启示》，《中国行政管理》2013年第7期。
③ 以单一制国家采取地方试验的方式进行改革和创新为例，20世纪采取此种方式的国家和地区覆盖面较广，从拉丁美洲、加勒比地区到中欧、东欧地区都有涉及。

达到特别深入的阶段，一些基本原则和要求尚未上升到国家理论层面，在主权国家话语体系下的本质研究相对单薄；然而又由于欧盟的自身结构体系，国际法对相关问题进行了一些涉猎，使得"试验式治理"在全球治理模式的理论体系中仍有一席之地。

欧盟在"试验主义治理"上的理论和实践成果对主权国家的内部治理具有很强的借鉴意义。事实上，国家层面的"试验主义治理"在欧盟大规模兴起前就已经开始实践，并取得了一些发展上的成果，不过由于目的、决策过程的特殊性，这些实践与欧盟实践展现出了不同的特点；另外，"试验主义治理"一旦进入主权国家领域，将会深刻影响中央与地方关系、法律与政策关系等国家基础结构内容，会或多或少与宪法建构密切相关。所以，欧盟的研究成果虽然可以在发展条件和方向上给予我们一定的启示，但在试验本身的正当性、合法性上，主权国家的"试验主义治理"理论还需另辟蹊径。

对主权国家而言，"地方试验主义治理"是一种国家治理的模式。这种治理模式本身既包含了治理主体之间的关系，又包含了治理客体和主体的互动，还涵盖了整个治理过程中的特殊规则和运行机制。"地方试验主义治理"不同于地方自主或地方自治，也不等同于简单的地方规制。它并非以政治建构为核心，而是以地方和中央的良性互动为核心；它也不仅限于上下级政府之间简单的政令交换，而是一种现代观念下央地、府际关系的新思维。

然而，并不是所有的国家都有条件先在宪法层面确立地方试验权的合法性再进行地方试验的实践，恰恰相反，即使在法国，也往往采取的是先实践，再将实践中产生的经验写入宪法典的方法。对于没有宪法明文授予地方试验权的国家，由于治理环境的紧迫性而进行地方试验实践的做法，因而也不能仅因形式合法性的欠缺而进行简单的否认。

二、地方试验主义治理的合法性判断

在实然角度上，"地方试验主义治理"模式可以对国家治理带来许多积极作用。国家的掌控能力有限，而相比之下居于国家治理一线的地方，在面对一些具体的政策问题时，往往更活跃、更多样，更具有创造力。在服从国家监督的前提下，由地方进行合理的试验，可以最大限度地促进国家体制的完善。就这个角度而言，"地方试验主义治理"在本质上与地方自治相通，因而可以解释为何"地方试验主义治理"较为发达的国家一般具有较为完善的地方自治机制；但是，正如前文所述，相较于地方自治更偏重于政治建构的倾向，地方试验主义强调的是治理机制的优化，即"治理"意义上的合法性，而非政治学意义上的合法性。

综合考虑，关于治理模式的合法性判断标准可以总结出三方面的学说。

第一，是工具主义说。即"地方试验主义治理"本身并不具有独立的意义，无论采取怎样的治理手段，其最终都是作为公权力行使的工具，归根结底是中央权力行使的工具。在该学说视角下，强调地方治理实践需严格符合中央权力行使的有关规范，要求一种绝对意义上的"法无授权不可为"。

第二，是政府效能说。即"地方试验主义治理"是提高政府效能的重要方式和手段，如果地方试验主义治理能够在根本上提高政府效能，那么地方试验主义就可以被认为是合法的。该学说认为，一切能够带来政府效能提高的治理模式，都是具有目的合法性的治理模式，地方试验主义在经验主义上确实能够提高政府效能，因而是具有合法性的。

第三，是公益优先说。强调在社会公益存在帕累托意义上的效用增加时，不应受到法律的限制，自然是具有合法性的。公益优先说比政府效能说更进一步，强调了治理的实质优先于治理的法定形式。

综上所述，这三类学说各自具有不同的特点，但也存在明显的缺陷，故而我们不能采取绝对独立的、简单的合法性标准，而应当充分吸取各类学说中的可取之处，归纳出一个复合的合法性标准，并在判断时结合具体治理情况进行分析。整合以上学说，笔者认为该复合的合法性标准至少应包含以下三点：一是对最基本权利和义务的尊重性；二是自身发展的自治性和可持续性；三是与政治社会环境的整体协调性。下文将以我国"地方试验主义治理"实践为例进行具体的分析和评价。

三、我国地方试验主义治理实践的合法性探讨

将前述复合型的地方试验合法性评价标准放诸我国治理实践，有利于重新认识其中的法律问题本质，对当前我国纷繁芜杂的地方试验治理模式形成类型化的理解。需要指出的是，上述概括出的三点标准要求，只是满足合法性的必要条件，而非充分条件，即不满足任一条件则不符合合法性的要求，而同时满足三条件在很大程度上可以认为符合合法性，但并不排除因为违反别的重要标准而丧失合法性的可能。

第一，对最基本权利和义务的尊重性。在本节开头处论述到，地方试验主义治理合法性的核心元素在于地方试验权的合法性。地方试验权，也被称为试错权、先行先试（免责）权，是一个包括法律授权、政策支持等内容的综合体系，为的是创造一个鼓励改革创新的氛围和环境，包括先行立法（规定）权、变通规定权、责任豁免权等。[①] 写入现代宪法中的可以直接影响公权力行使的规范可以分为两大类，公民的基本权利义务以及国家的基本组织框架（可以视作国家的权力和责任），因而地方试验权行使的底线，同时也是地方试验权合法性的最核心标准，是保证不构成对以上要求的违反，这也是现代行政法中"法律保留"原则[②]的精义。

例如，某些地区进行的房产税开征试点措施，超出了宪法对全国人大关于基本法律的制定权授权范围（通过《立法法》"税收法定原则"的描述具体表现出来），剥夺了公民自由支配其财富的权利，侵犯了公民的财产权，进而违反了宪法最基本的规定，所以不具有合法性；相反，一些地区进行基层民主选举模式改革，它们虽然与宪法（或者预算法、人大的组

---

① 参见肖明：《"先行先试"应符合法治原则——从某些行政区域的"促进改革条例"说起》，《法学》2009 年第 10 期。

② 参见黄学贤：《行政法中的法律保留原则研究》，《中国法学》2005 年第 5 期。

织法等）明文规定的预算程序、选举程序有所不同，但在实质上比宪法规定的程序更能够落实公民政治权利，是以一种更加严格、接地气的模式完成宪法关于民主的要求，因而并不违反宪法关于公民权利义务以及国家权力结构的规定，具有合法性。

第二，自身发展的自洽性和可持续性。地方对自身治理空间具有较强的认知优势，与治理群体之间更易产生互动，进而可以因地制宜、因时制宜，对治理机制进行批判性的修正，优化治理方式，这是"地方试验主义治理"在合理性上最大的优势，也是"地方试验主义治理"的优越性所在；然而，地方尤其是基层政权往往站在社会问题的风口浪尖，地方政权的生命力嵌入社会之中，[①] 地方治理本身就并不是一件易事。地方试验主义治理首先是地方治理，其次才是基于全国角度全盘考虑的试验模式，如果想要通过地方改革试验的方式，在国家能力提升、社会组织建设、公民意识塑造、弥补中央治理缺陷等方面[②] 找到一条合适的进路，这个试验本身就必须具有发展的自洽性和可持续性。在这个角度上，地方试验主义治理的合法性与试验本身的合理性密不可分，如果一项地方试验主义的措施缺少了必要的科学性和适当性，在目的或者手段上不符合社会客观规律或者比例原则，一方面，该措施往往难以为继，经受不住时间的考验，根本不可能为宏观上的国家治理所吸收，事前试验费时费力，多此一举；另一方面，还将带来较大的地方矛盾，破坏地方治理的和谐，与政策目标背道而驰。这一论断在治理可持续性的语境下，对于地方试验主义的合法性建设也是十分中肯的。

事实上，我国在改革开放中采取的一系列地方试验措施，正是因为符合了地方治理自身发展的规律，进而取得了较好的实验成果，使得相应的改革经验得以扩展到全国层面，形成蓬勃发展的改革样貌。在物质条件较为艰难的时代，注重经济建设的核心要求、提高社会生产力是保障地方治

---

① 参见周尚君：《地方法治试验的动力机制与制度前景》，《中国法学》2014 年第 2 期。
② 参见周尚君：《国家建设视角下的地方法治试验》，《法商研究》2013 年第 1 期。

理可持续发展的第一要着，因此以家庭联产承包责任制、对外开放等调动生产积极性、先富带后富的试验方案取得了优异的成果；而到了物质条件逐渐改善、各种各样的社会问题逐渐显现出来的今天，经济建设固然重要，但在经济建设的同时，民主法治、社会文化、市场规律等其他因素也不可忽视。因此，现阶段符合发展规律的地方试验方式往往要求具有治理的全局性和综合性，例如当前广东采取的第三方评价地方政府绩效方式，打通了经济建设和其他方面的治理，通过绩效评价这一公民政治参与的实现手段，提高了政治民主，为建立起回应型的政府奠定坚实基础，同时为全国层面的政府绩效考评积累了经验、提供了个案和有益突破口。① 这一基层实践，把握国家和地方发展的核心思路，尊重地方治理的基本规律，是具有可持续性的地方试验模式的典型代表。

第三，与政治社会环境的整体协调性。研究表明，当社会现象或社会问题超越了当时人们的认知结构时，人们对问题的认识就处于迷茫状态，处理问题的方式就必然表现出强烈的"试错"特征。② 试错是在未知状态下进行尝试的必然阶段，但是地方试验主义治理不是一个简单的试错过程，而是一种综合考虑各种因素的治理智慧，地方试验对于国家治理具有牵一发而动全身的地位。一方面，地方试验是有关措施在全国层面推广之前寻找灵感、积累经验的必经之路，也会很好地避免失败的改革在全国范围内产生难以估量的后果；另一方面，如果地方试验的治理方式仅仅符合当地特色、并不具有可推广性，也可以很好地发挥地方在自治上的主动性。这种地方试验与国家治理之间的互动性，也侧面反映出地方试验本身与宏观政治社会之间的协调关系，强调地方试验始终是国家治理体系中的有机组成部分，与国家建设思路、国家改革重心以及其他领域的治理策略

① 广州采取一种独立的、基于公众满意导向的评价指标体系，将评价范围覆盖全省，优化评价路径，定期公开结果。参见郑方辉、张文方、李文彬：《中国地方政府整体绩效评价——理论方法与"广东试验"》，中国经济出版社 2008 年版，第 340 页。

② 参见杨冠琼：《科层化组织结构的危机与政府组织结构的重塑》，《改革》2003 年第 1 期。

保持一致，在具体领域达到一种动态的平衡。

党的十八届三中全会《决定》指出，要完善国家治理体系和治理能力的现代化，这是一项宏大的历史使命，其涉及范围之广、触及利益之深呼唤着更多的制度突破和创新，此时地方试验的经验可以成为重要的灵感来源。例如，深圳于1997年就以各个政府部门的自我审查和程序简化开始了三轮大规模的行政审批简化改革，建立行政审批电子监察系统；浙江在经济发展上逐渐产生以"温州模式"为代表、以市场为取向、以民营经济为主体的"浙江模式"，并完善了生态效益补偿制度、工资支付保证制度、著名品牌保护制度等促进民营经济健康发展、符合浙江省经济发展要求的一系列制度等。① 这些地方试验的实践从行政审批优化、依法行政、调动市场积极性等各个不同的改革领域践行和落实着全面深化改革的整体要求，与国家宏观政治社会环境形成了良性互动机制。

"对最基本权利和义务的尊重性"是对地方试验主义治理的本质要求，是通过宪法规定的最基本权利义务和权力行使框架为地方试验主义的范围和方式划定行动底线；"自身发展的自治性和可持续性"是对"地方试验主义治理"的内容要求，是强调深刻影响一方社会生活格局的试验方式本身不能具有随意性，必须做到科学化和理性化；"与政治社会环境的整体协调性"是对地方试验主义治理的框架要求，作为国家治理的重要组成部分，地方试验主义治理必须和国家整体的政治、经济、社会发展相适应，必须满足国家治理方针中的程序和实质规定，才能更好地以试验经验引领国家发展，达到进行地方试验的终极目的。

四、结论：我国地方试验主义治理的发展道路

综合前述复合型的"地方试验主义治理"合法性判断标准，可以对当

---

① 参见陈柳裕等：《论地方法治的可能性——以"法治浙江"战略为例》，《浙江社会科学》2006年第2期。

前我国不同形式的地方试验模式进行评价。总体来看，我国改革开放以来的地方试验一般采取两种方式：地方自发试验和国家通过授权发动地方进行的试验。在改革开放初期，社会变动较为剧烈，国家很难兼顾发展的各个方面，因此对于地方自发的试验方式，国家的基本立场是开明和宽松的。该时段一系列地方试验主义治理采取的措施，因政治上的宽容而免除了合法性的评价；这些措施及其类似试验思路因而并不能当然地免除当前国家治理体系下的合法性检验。从国家治理现代化的角度进行探索，我国地方试验主义治理的发展方向逐渐趋向于法治化、严格化和规范化。因此，在全面深化改革的背景下，地方试验主义治理的发展道路必须满足合法性要求，在如下方面作出重点部署。

第一，区分改革领域、尊重改革的一体性，在落实改革的同时防止地方保护主义。当前我国的国家治理框架中，同时进行着不同领域的改革，例如经济体制改革、军事改革、政治模式改革、文化与社会改革等等，这些改革有着各自的目标和路线，对国家体系和公民生活的影响程度各不相同。在进行这些领域的改革过程中，或多或少会采取"地方试验主义治理"的方法，此时"对最基本权利和义务的尊重性"这一合法性标准会随领域的不同而有所改变。例如，政府内部改革（包括从严治党、精简机构等）、军队改革、文化改革等，直接涉及公民最基本权利义务的情况较少，因而合法性标准可以适当放宽，采取最为宽松的解释方式；某些政治经济领域改革（主要是涉及政府与公民互动的改革，如民主选举、信息公开、司法救济等）、社会文化改革，一定程度上会涉及公民的最基本权利义务，因此需要根据具体情况，对实体上的合法性（即改革目的是否正当）和程序上的合法性（例如决策做出方式等）做出不同程度的要求；而对于直接涉及公民利益调整的政治经济改革（例如住房、收入分配、财政税收、公共服务、市场交易等），必须采取严格的合法性标准，避免对公民最基本权利义务的侵犯。另外，还需重视公民平等权在地方试验主义治理上的地位，防止由于试验式治理产生地方保护进而对不同地区公民带来不公平。

第二，考虑地区差异。中国的"地方试验主义治理"与欧洲一些国家的地方试验实践相比，最大的差别就在于中国具有地理和人口上的大国的特殊性：相同的社会治理问题在大国内可能由量的倍增导致质的突变，同样，多样化的地方试验空间也会给大国在生存和发展问题上带来一定的优异性。正如一位学者所概括，在中国过去所走过的每条路上，一方面承担着大国所规定的成本，另一方面也享受着大国所具有的收益。① 因此，我们在充分利用多样化的地方试验调动国家经济发展、享受地方试验为我国现代治理带来的宝贵财富的同时，必须正视不同地区在发展状况、地理位置以及人文环境上的差别，以确保地方试验主义治理本身发展的自洽性和可持续性的达成。为了保障对地区差异的充分考虑，至少需要满足两方面的核心要求：一方面，鼓励和允许不同地方进行差别化的探索实践，在大方向上提倡因地制宜的、大胆的改革创新；另一方面，建立完善的考核激励、监督问责机制，努力做到地方试验的配套化、精细化、科学化。

鼓励差别化探索实践为基层进行地方试验提供了动力，我国改革进程中面临的各种问题多数出现在基层，顶层设计再怎么完善，付诸实践时依旧会面对复杂的实施环境，只有不断强化地方试验，才能让这些问题得到根本性的解决；同时，基层治理实践是国家治理的宝库，许多治理方案的灵感都来自于基层的探索，只有充分发挥基层的能动性，才能不断完善治理思路和治理过程。完善地方试验的监督机制目的在于统合地方实践，形成合力。有效政府的前提是责任政府，地方试验、基层治理创新从本质上看，仍然是权力行使的过程，因而必须遵守权力行使的规范。在地方试验过程中，必要的顶层设计和反馈机制可以更好地指导权力行使，保障权责一致，确保地方试验的质量；当然，对地方试验进行监督考核并不代表不允许地方试错、失败，而是为地方试验的范围划定必要的边界，尽可能减少由于试验失败带来的不利影响，从而更进一步推动地方试验的可持续发展。

---

① 参见田雷：《"差序格局"、反定型化与未完全理论化合意——中国宪政模式的一种叙述纲要》，《中外法学》2012 年第 5 期。

　　第三，尊重治理规律。治理，作为一个协调主体、客体、贯穿始终的过程，不能割裂地、片面地进行观察。"地方试验主义治理"作为一种特殊的治理思路，为了更好地和社会生活相适应，必须充分尊重治理规律。一般来说，需要满足治理的自决性、回应性以及流动性。治理的回应性强调建立完善的跟踪优化机制，不仅包括中央各部门对地方试验范围、效果的调查跟踪，还包括在实践中对基层和群众意见的充分吸收，以政务公开、参与式讨论等方式促进治理的顺利实施和不断完善。治理的流动性主要侧重于不同层级治理之间的协调，虽然一些基层试验往往限定在特定的级别或者地区，但是试验地的上下级政府以及相邻地区会不可避免地与试验地产生政策互动，其间可能存在的府际关系也必须得到充分考虑。

　　"地方试验主义治理"是一个动态的运转过程，需要在实践和规范中找到合适的平衡点。现代语境下的地方试验主义，必须满足合法性要求。这一"治理"上的要求，不同于政治学意义上的合法性判断，亦不可简单从文本、效能、公益中的某一个方面进行衡量，应当基于对改革与立法关系的正确理解、对改革思路的充分尊重，以及对法治认知的发展视野。在国家治理体系和治理能力现代化的框架下，具有合法性的地方试验主义，既要充分尊重政策运行的有效性，又要做好权利保护的前置性，还要适应政治经济社会改革的全局性。以法治为后盾，以治理为基石，基层改革创新的动力将更足，全面深化改革的前景将会更加明亮。

第十三章　税收行政规范性文件的规范化 [①]

一、规范化的必要性

鉴于在国家立法时，主要考虑的是解决一些具有全局性和根本性的问题，难以将不同地区的不同情况完全考虑在内，而我国地域辽阔，中央政府难免有时无法顾及全国每一个地方的具体情况，这时候，借由各地自己解决当地的特殊问题则显得更为合适。但与此同时，地方也可能由于立法经验不足、时间仓促、区域经济差距过大等在制定规范性文件时产生各种问题，导致某些问题难以凭借一己之力解决，这时候就不能仅仅依靠各地政府自身出谋划策，而需要国家在其中起到支撑作用，中央与地方协同促进问题的解决。

而针对当前我国税收行政规范性文件占据税收法规的绝大多数的现实情况，我们不能忽视其中存在的问题，如规范性文件庞杂无章、相互矛盾、临时性（过渡）文件过多、现行有效文件与失效文件冗杂在一起、授权过度、各地适用标准不同、存在任意解释情况、为争取经济利益，过度扩张优惠政策适用条件，进行招商引资等情况，这样不仅会影响我国法律的权威性，致使其不稳定性加大，也不符合我国当前依法治国的大政方针。

税收行政性规范文件的作用本应体现在能进一步细化落实国家税收立法的原则性规定，将已经有相关立法，无论是全国人大制定成为法律，还

---

① 本章的大量基础性文献收集整理工作由胡俊硕士、苗丝雨硕士负责，特此表示感谢！

是国务院依授权制定的行政法规，对其进行进一步的细化，使其更符合税收行业，或者各个地区的税收实际情况，促进相关法律、行政法规的落实。而针对尚未立法的税种，专门的财税机关亦可以在不违背国家立法的前提下，因地制宜，可以结合本地的实际情况补充和完善国家立法，甚至可以在有相关授权的前提下，进行部分地区的先行试点，促进未立法税种的立法进程更加顺利，以实践经验做支撑。然而也正是由于这些涉及具体情况，需要因地制宜乃至先行试点的情形存在，所以产生了税收行政规范性文件的"越权立法"现象，而这也并不是说我们需要一刀切，将所有的税收行政规范性文件进行废除，而是要更加辩证地看待这些条文，从根源对其进行解决，从内外两个方面对其进行规制，加强外在的监管与监督，提升行政规范性文件内在的统一性、合理性，清理失效的相关文件，对其进行分类，让其更好地服务于税收领域的复杂现状。

二、规范化的可行性

新中国成立初期税收法制建设还很不完善，特别是"文化大革命"期间税法的价值与意义被完全否定，我国现行的税收体制是在改革开放后才逐步建立起来。在此阶段，我国税收法制建设十分薄弱，几乎是从零开始，而且国内政治经济的地域差距很大，各地的税收制度建设水平也极不平衡，再加上社会方方面面无时无刻不在发生着巨大变革，在这样的历史条件下，想要制定实施统一、全面而具体的税法，若当时将法律规定得过于细致，则很难适用到时刻变化的社会中去，推进税收行政规范性文件的规范化是不现实的。但是，改革开放发展至今，通过40年艰苦卓绝的立法实践，我国税收体制基本建立并且还在不断完善，全国各地的税制建设也趋于统一稳定，改革步伐已进入深水区必须稳中求进，另外，立法经验得到了长期的积累，立法技术也在不断提高，这些都使得过去的粗放的法律制定非但不会促进经济发展，反而会在一定程度上形成阻碍，不同的时代有不同的诉求，在全面依法治国的大政方针下，税收规范性文件的规范化的时机已日益成熟。

三、关于规范化的措施建议

税收行政规范性文件针对的是特定的一般人，其实施必然会对纳税人的财产权和自由经营权产生影响，故而对于税收行政规范性文件，我们可以尝试从以下几个方面进行规范。

（一）从立法层面进行规制

首先，加强立法机关的立法权能。针对当前税收立法存在的多种形式，效力曾经最高的税收法律数量明显不足，而其余的税收立法权实际上都掌握在行政机关的手中，造成了事实上的行政权大量替代立法权行事。而对于行政的大量立法，全国人大及其常委会的立法能力有限，由其进行的立法具有一定程度上的滞后性，往往难以应对复杂的社会经济形势而社会生活，而需要法律进行规制的事情太多，全国人大的立法难以满足社会生活的需求。但换一个角度考虑，既然全国人大及其常委会立法能力不足，在立法领域由立法机关无法完成的任务，却可以由行政机关来完成，本身就说明了行政机关的各项条件可能要比立法机关更为优越，而此时，我们是否应该反思，需要立法机关进行升级，优化其组织形式，运行结构等，使其向能够胜任立法任务的方向发展，而不是任由行政权对立法权进行侵蚀而最终使得立法机关形同虚设。具体到税收立法层面，还是应该将税收立法权统一上收，切实做到"税收法定"，尽快出台其余税种的相关国家立法，并在立法过程中吸收相关领域专家学者、实践操作人员等，保证立法的合理性。

（二）合理限制行政机关的权力

据前所述，我国行政权对立法和司法领域的僭越原因被归纳为立法机关与司法机关"能力不足"。但与此同时，我们应该双管齐下，除了提升立法、司法机关的效能，还要对行政机关的权力进行一定的限制，如明确各部门权责，将适当放权（行政审批）与税权上收相结合，同时，加强监管，将监督机关的履职与民众监督相结合，放开民众向上反映的渠道，落实群众政策，切实做到全心全意为人民服务。毕竟，如果权力得不到有效的制衡，就可能像一只猛兽，谁也不可能知道在什么时候会突然侵袭人民的合法权益，故而"将权力关进制度的笼子里"是非常有必要的，而"阳光是最好的防腐剂"，只有以权利产生权力，以权力制衡权力，同时以稳定的宪法加以保障，以外在的监督进行规制，才能从根本上做到切实保障人民的权利。而我国目前的权力机关，司法机关"能力不足"的现状的解决方式不应该是行政机关能者多劳，而是应该在人力、物力、资源的方面对提高权力机关、司法机关的能力进行倾斜和保护，使得立法权与司法权得到成长，能够真正制衡行政权。这样立法机关才能充分行使税收立法权，司法机关对税收立法、税收行政立法才能进行有效的审查和监督。

（三）应尽快制定《税收基本法》

《税收基本法》对整个税法体系的重要性不言而喻，尽管当前我国《宪法》《立法法》中对于税收立法权已有部分规定，但是在《宪法》《立法法》与具体的税收法律规范中间仍存有空白地带，在目前税收立法体系稍显混乱的状况下，需要一部《税收基本法》对其余税收立法进行统帅和控制，这样既可以填补宪法与单行税收法律规范之间的空白地带，对税收的基本问题、原则进行明确的规定，也有利于统一我国的税收法律体系，同时对于我国的税法学学科也是巨大的进步。《税收基本法》的制定，首先应明确的是，《税收基本法》应以《宪法》与《立法法》为制定依据，不得与之相抵触。同时，《税收基本法》在整个税收法律体系中居于最高的层次，对于其他的税收法律法规有普遍的规范意义，是税收领域内的根本法，也是税收法律体系的核心。对于上文所提出的税收立法权问题与中央与地方的税收分配关系的理顺，应在《税收基本法》中进行专章规定，同时《税收基本法》中应有对税收管辖权、税务机构及其职权、纳税人及其权利义务、税务执法、争议解决等方面的规定。

（四）适当纵向分权，赋予地方一定的税收立法权

目前的税收立法权高度集中在中央，各地为了自身的经济发展，趁机钻法律的空子，这也是导致税收行政立法越权，尤其是地方税收行政立法越权的根本原因。我国目前，无论中央税还是地方税和共享税，其立法权都集中在中央，这是 1993 年发布的《关于实行分税制财政管理体制的决定》中规定的。目前地方政府形式上的税收立法权只有对契税、城镇土地使用税等具体适用的税率、税额的确定权；省级政府对车船税的减免的确定权；民族自治地方政府对本地方企业所得税中属于地方的部分的减免权；城市建设税等的实施细则制定权。但事实上，我国幅员辽阔，各地经济发展水平差距仍旧很大，中央集权的立法体制虽然利于管理但也对各地不同的具体情况难以适应。而因为税收立法权的高度集中，地方政府为了本地企业的发展，或者为了其他经济目的，往往各出奇招，变相的争夺税收立法权。而要避免这种变相争夺，对于这种现象，我们应该首先明确相关法律条文，对于在法律适用层面存在理解偏差的部分，由有权机关作出解释，而不是任由各地相关部门随意解释，往对自己有利的地方解释，从而维护法律的权威性。其次，也应该畅通相关沟通渠道，切实收集法律在各地落实过程中出现的问题，并因地制宜，在不违背法律明文规定，且保障监督机关有效履职的前提下，根据各地不同的情况，适时将权力下放，在法律允许的范围内，由各地形成相关政策意见，交由有权机关批准或备案，既不能打击各地经济发展的新态势，适当赋予地方部分税收立法权，又要切实保障国家统一税收立法权的上收。

参考文献

著作类

[德] 费肯杰:《经济法》,中国民主法制出版社2010年版。

[德] 韦伯:《论经济与社会中的法律》,中国大百科全书出版社1998年版。

[法] 摩莱里:《自然法典》,译林出版社2011年版。

[美] 阿瑟·奥肯:《平等与效率——重大抉择》,华夏出版社2010年版。

[美] 博登海默:《法理学:法律哲学与法律方法》,中国政法大学出版社2004年版。

[日] 丹宗昭信、伊从宽:《经济法总论》,中国法制出版社2010年版。

[日] 金子宏:《日本税法》,法律出版社2004年版。

[英] 奥格斯:《规制:法律形式与经济学理论》,中国人民大学出版社2008年版。

[英] 哈耶克:《法律、立法与自由》(第三卷),中国大百科全书出版社2000年版。

白彦锋:《税权配置论——中国税权纵向划分问题研究》,中国财政经济出版社2006年版。

财政部《税收制度国际比较》课题组:《美国税制》,中国财政经济出版社2000年版。

曹锦清:《黄河边的中国——一个学者对乡村社会的观察与思考》,上海文艺出版社2000年版。

丁旭光:《近代中国地方自治研究》,广州出版社1993年版。

冯玉军:《法经济学范式》,清华大学出版社2009年版。

薄贵利:《中央与地方关系研究》,吉林大学出版社 1991 年版。

胡书东:《经济发展中的中央与地方关系:中国财政制度变迁研究》,上海人民出版社 2001 年版。

黄天华:《中国税收制度史》,华东师范大学出版社 1999 年版。

黄衍电:《中国税制结构:明辨与抉择》,中国财政经济出版社 1999 年版。

贾康、阎坤:《中国财政:转轨与变革》,上海远东出版社 2000 年版。

孔祥俊:《反垄断法原理》,中国法制出版社 2001 年版。

李昌麒:《经济法学》,法律出版社 2007 年版。

刘剑文:《中央与地方财政分权法律问题研究》,人民出版社 2009 年版。

刘丽:《税权的宪法控制》,法律出版社 2006 年版。

刘永艳:《全球视角下的两大法系》,中国商务出版社 2003 年版。

刘瑜:《观念的水位》,江苏文艺出版社 2014 年版。

卢洪友:《政府职能与财政体制研究》,中国财政经济出版社 1999 年版。

沈汉、刘新成:《英国议会政治史》,南京大学出版社 1991 年版。

孙园:《中国税收管理制度研究——基于新制度经济学视角》,中国税务出版社 2010 年版。

谭庆刚:《新制度经济学导论——分析框架与中国实践》,清华大学出版社 2011 年版。

汤玉刚:《"中国式"分权的一个理论探索——横向与纵向间财政互动及其经济后果》,经济管理出版社 2012 年版。

汪彤:《政府权力悖论与中国经济转轨》,中国发展出版社 2010 年版。

王春玲:《我国税收制度的经济学分析——一种法经济学的视角》,经济科学出版社 2007 年版。

王绍光、胡鞍钢:《中国国家能力报告》,辽宁人民出版社 1993 年版。

魏俊:《税权效力论》,法律出版社 2012 年版。

项怀诚:《中国财政体制改革》,中国财政经济出版社 1994 年版。

许善达:《中国税权研究》,中国税务出版社 2003 年版。

许毅、陈宝森:《财政学》,中国财政经济出版社 1984 年版。

杨紫烜：《国家协调论》，北京大学出版社 2009 年版。

于民：《坚守与改革——英国财政史专题研究（1066—19 世纪中后期）》，中国社会科学出版社 2012 年版。

张千帆：《市场经济的法律调控》，中国法制出版社 1998 年版。

张守文：《税法原理》，北京大学出版社 2008 年版。

张维迎：《博弈与社会》，北京大学出版社 2013 年版。

张晓君：《国家税权的合法性问题研究》，人民出版社 2012 年版。

张学博：《经济法学前沿问题研究》，中国政法大学出版社 2016 年版。

张学博主编：《改革与立法关系研究——从税制改革切入》，中国社会科学出版社 2017 年版。

张学博：《生态治理视野下的财税法学前沿问题研究》，中国政法大学出版社 2017 年版。

张学博：《历史法学视野中的中国社会治理》，中国政法大学出版社 2018 年版。

赵旭东：《公司法学》，高等教育出版社 2003 年版。

赵云旗：《中国分税制财政体制研究》，经济科学出版社 2005 年版。

种明钊：《竞争法》，法律出版社 1997 年版。

周林彬：《法律经济学：中国的理论与实践》，北京大学出版社 2008 年版。

论文类

崔威：《税收立法高度集权模式的起源》，《中外法学》2012 年第 4 期。

傅红伟：《对税收立法权划分制度规定的理解与评价》，《税务研究》2004 年第 12 期。

汪进元、汪新胜：《程序控权论》，《法学评论》2004 年第 4 期。

何俊志：《预算透明的理论源流与国际实践》，《国家行政学院学报》2008 年第 2 期。

李燕：《财政信息公开透明是预算监督管理的基础》，《财政研究》2010 年第

6 期。

　　黄靖翔：《中央集权税收立法模式对地方税收的影响分析》，《生产力研究》2011 年第 3 期。

　　冯利：《我国个人所得税立法现状及发展建议》，《现代商贸工业》2011 年第 17 期。

　　阿兰·J.沃尔巴克、张瑛：《美国税制改革历程》，《经济资料译丛》2004 年第 3 期。

　　杜萌昆：《八十年代美国税制改革的回顾与思考》，《国际税收》2001 年第 4 期。

　　王永兴：《论唐代均田制》，《北京大学学报（哲学社会科学版）》1987 年第 2 期。

　　吴庆阳：《从"两税法"到"分税制"——中央地方博弈下的财政税收制度》，《开发研究》2009 年第 3 期。

　　袁英光、李晓路：《唐朝财政重心的南移与两税法的产生》，《北京师范学院学报》1986 年第 2 期。

　　苏力：《何为宪制问题？——西方历史与古代中国》，《华东政法大学学报》2013 年第 5 期。

　　连家明：《政治生态、财政民主和参与式预算》，《经济研究参考》2011 年第 60 期。

　　王威、马金华：《论历史视角下财政民主的理论逻辑》，《中央财经大学学报》2013 年第 3 期。

　　李清如：《日本消费税改革：增税抑或延期的两难困境》，《国际税收》2016 年第 10 期。

　　余炳雕、吴宇：《20 世纪 80 年代以来日本税制改革综述》，《现代日本经济》2004 年第 1 期。

　　叶建芳、王万光：《日本税制改革思想变迁及评析》，《税务研究》2016 年第 1 期。

　　李清如：《日本消费税改革：增税抑或延期的两难困境》，《国际税收》2016 年第 10 期。

　　张俊勇、刘蕾：《日本的消费税改革及其展望》，《河北地质大学学报》2008

年第 1 期。

欧明青、倪宣明：《浅析老龄经济中的税收政策》，《数理统计与管理》2017年第 4 期。

宫岛洋、神野直彦：《中央和地方政府财政关系的中日比较》，《管理世界》1994 年第 4 期。

丁颖、师颖新、户泉巧：《"二战"以来的日本财政分权改革》，《经济社会体制比较》2011 年第 5 期。

谢贞发：《中国式分税制的税收增长之谜》，《中国工业经济》2016 年第 5 期。

李建军、余秋莹：《日本地方政府支出责任与地方税：经验与启示》，《地方财政研究》2017 年第 1 期。

陈国权、王勤：《市场经济现代转型中的法治与责任政府》，《公共管理学报》2007 年第 2 期。

吴兴国：《承包权与经营权分离框架下债权性流转经营权人权益保护研究》，《江淮论坛》2014 年第 5 期。

肖卫兵：《信息流通视野下的政府信息公开制度实施：以上海市 A 区为例》，《中国行政管理》2014 年第 7 期。

陈小君：《我国农村土地法律制度变革的思路与框架——十八届三中全会〈决定〉相关内容解读》，《法学研究》2014 年第 4 期。

姜红利：《放活土地经营权的法制选择与裁判路径》，《法学杂志》2016 年第 3 期。

苏永钦：《法定物权的社会成本——两岸立法政策的比较与建议》，《中国社会科学》2005 年第 6 期。

潘俊：《农村土地"三权分置"：权利内容与风险防范》，《中州学刊》2014 年第 11 期。

陈天含：《论我国企业所得税优惠法律制度的改革与完善》，《广西师范大学学报》2015 年第 2 期。

张学军：《基金会享受税收优惠的体制重建研究》，《当代法学》2015 年第 4 期。

曾昭君：《税收规范性文件对税收上位法的扩充和限制解释现象探讨》，《南华大学学报（社会科学版）》2014 年第 5 期。

刘佐：《60 年来全国人民代表大会税收立法的简要回顾与展望——为纪念新中国全国人民代表大会制度建立 60 周年而作》，《经济研究参考》2014 年第 51 期。

叶姗：《税权集中的形成及其强化——考察近 20 年的税收规范性文件》，《中外法学》2012 年第 4 期。

林文杰：《浅论我国税收法律规范体系现状及企业应对纳税风险的策略》，《新会计》2012 年第 5 期。

刘天永：《我国高新技术企业税收优惠政策适用条件的规范性研究》，《法学杂志》2011 年第 5 期。

吴昊天：《税收规范性文件制定管理办法》，《司法业务文选》2010 年第 18 期。

李晟：《地方法治竞争的可能性——关于晋升锦标赛理论的经验反思与法理学分析》，《中外法学》2014 年第 5 期。

谢丽丽：《"项目进村"并成功运行的三种力量——以 M 县移民村在农业生产项目成功运行中的作用为例》，《甘肃社会科学》2016 年第 1 期。

陈家建：《项目制与基层政府动员——对社会管理项目化运作的社会学考察》，《中国社会科学》2013 年第 2 期。

张守文：《我国税收立法的"试点模式"——以增值税立法"试点"为例》，《法学》2013 年第 4 期。

许元林、胡丽霞：《从增值税发展历史看"营改增"的现实与未来》，《党史纵横》2013 年第 9 期。

郑智勇：《税收立法应引进"合规性"管理理念》，《税务研究》2007 年第 3 期。

张富强：《论营改增试点扩围与国民收入分配正义价值的实现》，《法学家》2007 年第 3 期。

张洁：《我国税制目前存在的问题及对策浅探》，《经纪人学报》2005 年第 2 期。

张旭东：《建党以来中国农村土地制度的演变及启示》，《生产力研究》2013 年第 12 期。

周飞舟：《财政资金的专项化及其问题　兼论"项目治国"》，《社会》2012 年第 1 期。

谢晖：《法律工具主义评析》，《中国法学》1994 年第 1 期。

王霞：《宏观调控税的法理问题研析》，《税务研究》2013 年第 11 期。

渠敬东、周飞舟、应星：《从总体支配到技术治理——基于中国 30 年改革经验的社会学分析》，《中国社会科学》2009 年第 11 期。

周飞舟：《从"汲取型"政权到"悬浮型"政权：税费改革对于国家和农民关系之影响》，《社会学研究》2006 年第 3 期。

张文显：《法治与国家治理现代化》，《中国法学》2014 年第 4 期。

叶方兴：《德法互济、协同共治——"德治与法治：治理的逻辑与路径"学术研讨会纪要》，《道德与文明》2015 年第 6 期。

张金光：《普遍授田制的终结与私有地权的形成——张家山汉简与秦简比较研究之一》，《历史研究》2007 年第 5 期。

李恒全：《论战国土地私有制——对 20 世纪 80 年代以来战国授田制观点的质疑》，《社会科学》2014 年第 3 期。

甘功仁：《我国税收立法现状评析》，《税务研究》2008 年第 1 期。

武建国：《建国以来均田制研究综述》，《中国史研究动态》1984 年第 6 期。

杨际平：《〈唐令·田令〉的完整复原与今后均田制的研究》，《中国史研究》2002 年第 2 期。

何更生：《税收规范性文件存在的问题及对策研究》，《经营管理者》2016 年第 3 期。

付伟、焦长权：《"协调型"政权：项目制运作下的乡镇政府》，《社会学研究》2015 年第 2 期。

熊英：《完善税收规范体系的法律思考》，《中国司法》2003 年第 12 期。

刘佐：《新中国六十年税收大事辑选》，《中国税务》2009 年第 10 期。

郑泰安、郑文睿：《授权立法的体系化思考：冲突与化解》，《理论与改革》2015 年第 5 期。

叶姗：《税收优惠政策制定权的法律保留》，《税务研究》2014 年第 3 期。

闵丽男：《税务系统规范性文件清理工作启动》，《中国税务》2006 年第 10 期。

钟广池：《促进小微企业发展税收政策研究——以战略性新兴产业的发展为背景》，《中国高新技术企业》2012 年第 27 期。

叶姗：《企业所得税税收优惠的法律分析》，《江西财经大学学报》2008 年第1 期。

赵玉增：《从法律解释内涵析我国法律解释体制》，《法律方法》2003 年第 1 期。

关家涛：《外资法体系的重构与外资税收优惠政策调整》，《国际经济合作》1999 年第 3 期。

张姗：《制定我国税收基本法的路径选择研究》，新疆财经大学 2008 年硕士学位论文。

黄燕：《企业并购的税法问题研究》，武汉大学 2004 年硕士学位论文。

李思尧：《我国税收行政立法越权研究》，内蒙古大学 2014 年硕士学位论文。

王一：《税法行政解释论》，中国政法大学 2007 年硕士学位论文。

庞媓：《促进我国中小企业发展的税收优惠法律问题研究》，南京大学 2011 年硕士学位论文。

王东琳：《行政规范性文件法治化论纲》，吉林大学 2016 年硕士学位论文。

刘洁心：《行政规范性文件制定问题与对策》，安徽大学 2014 年硕士学位论文。

夏俊：《税法行政解释规范化研究》，湘潭大学 2016 年硕士学位论文。

何更生：《税收规范性文件的法律规制问题研究》，湘潭大学 2016 年硕士学位论文。

吴思宇：《我国小微企业税收优惠法律制度研究》，山东大学 2016 年硕士学位论文。

徐燕：《我国税收基本法研究》，吉林大学 2004 年硕士学位论文。

孔雪梅：《税收立法若干问题研究》，吉林大学 2004 年硕士学位论文。

清华公共经济、金融与治理研究中心财政透明度课题组：《2014 年中国市级政府财政透明度研究》，2014 年 6 月 30 日。

北京大学国家发展研究院综合课题组：《还权赋能——成都土地制度改革探索的调查研究》，2010 年 1 月 10 日。

后 记

人生不过百年，如白驹过隙。2017 即将过去，2018 又迎面而来。围绕着改革开放以来的税收立法史，笔者展开了系列文章，现在将其整理成书，力图为正在推进的财税体制改革贡献一份心力。

恩格斯语，一切社会科学中真正的科学唯有历史。以历史之眼光，审视过去 40 年之中国税收立法史，会得出系列与通常学术界并不一致的观点。比如说，对改革开放以来 40 年之税收立法历史纵向观察，会发现其内在历史逻辑是高度一致的，即不断的中央集权。这个内在逻辑对于保障中国经济之高速发展和稳定的央地关系之积极意义，时至今日仍为人所忽视。而任意的孤立的看待这段历史中的某一个片段，则可能完全得出与以上完全相悖的结论。这正好说明历史法学的生命力之所在。

刚刚召开的党的十九大秉承马克思主义中国化的路径，提出了习近平新时代中国特色社会主义思想，可谓正逢其时。中国的治理，立足于当下中国经济社会发展的国情，吸收中国传统文化中的治理经验，充分借鉴西方国家的行之有效的治理经验，经过数十年的发展和总结，才提炼出了一个系统的指导思想和理论框架，以指导未来数十年中国的现代化道路。如习近平总书记所说，我们今天处于自 1840 年以来离中华民族伟大复兴距离最近的时刻。

自 2013 年党的十八届三中全会提出落实税收法定原则以来，我们的财税体制改革可以说取得了不少进步，比如《中华人民共和国环境保护税法》的通过，但是离中央政治局通过的《深化财税体制改革方案》的时间表 2020 年越来越近，我们财税体制改革的任务越来越艰巨。我们身处这个最伟大的时代，作为一名学者，必须深入研究财税体制改革中的核心问题——税收立法，找出其中症结之所在，为党中央和政府献计献策，以尽自己绵薄之力。感谢这个时代，感谢中央党校实施创新工程的契机，也感谢我的各位领导、各位亲人、同事和朋友，也感谢在本书的撰写过程中参与了部分文献整理工作的方瑜聪、胡俊、孙娇阳、苗丝雨、任卓、邓华晖等同学。不尽之处，望谅！因时间有限，书中难免有疏漏之处，敬请各位读者批评指正。

张学博

2018 年 1 月 6 日于掠燕湖

责任编辑：邓创业
封面设计：胡欣欣
责任校对：孙寒霜

图书在版编目（CIP）数据

中国税收立法四十年／张学博 著 .—北京：人民出版社，2018.5
ISBN 978－7－01－019484－4

I. ①中⋯ II. ①张⋯ III. ①税法－立法－研究－中国 IV. ① D922.220.4

中国版本图书馆 CIP 数据核字（2018）第 136651 号

中国税收立法四十年

ZHONGGUO SHUISHOU LIFA SISHI NIAN

张学博 著

人民出版社 出版发行
（100706 北京市东城区隆福寺街 99 号）

环球东方（北京）印务有限公司印刷 新华书店经销

2018 年 5 月第 1 版 2018 年 5 月北京第 1 次印刷
开本：710 毫米 ×1000 毫米 1/16 印张：13.75
字数：200 千字

ISBN 978－7－01－019484－4 定价：48.00 元

邮购地址 100706 北京市东城区隆福寺街 99 号
人民东方图书销售中心 电话：（010）65250042 65289539